ANDREA PALLADIO TEATRO OLIMPICO

TRIUMPHARCHITEKTUR FÜR EINE HUMANISTISCHE GESELLSCHAFT

VON ANDREAS BEYER

FISCHER TASCHENBUCH VERLAG

kunststück
Herausgegeben von Klaus Herding

Licisco Magagnato in Memoriam

Frontispiz: Andrea Palladio

Grafische Konzeption: Max Bartholl und
Christoph Krämer
Lektorat: Wolfgang Balk
Bildredaktion: Carmen Durrant
Originalausgabe
Veröffentlicht im Fischer Taschenbuch Verlag GmbH,
Frankfurt am Main, November 1987

Lithographie: Litho Köcher, Köln
Satz: Fotosatz Otto Gutfreund, Darmstadt
Druck: Wagner GmbH, Nördlingen
Bindung: G. Lachenmaier, Reutlingen
Printed in Germany
ISBN-3-596-23947-0

EIN WOHLGEBILDETES THEATER

Obschon es sich bei Andrea Palladios Teatro Olimpico um den ersten freistehenden überdachten Theaterbau handelt, verrät sein Äußeres nichts von der Bestimmung des Hauses. Am Rande des historischen Stadtkerns der norditalienischen Stadt Vicenza gelegen, verbirgt sich der Bühnen-Innenraum hinter den unscheinbar geziegelten Mauern einer unförmigen Bauanlage *(Abb. 2)*. Auch sein ursprünglicher Zugang lag, vor der Errichtung eines aufwendigeren Portals und der Vorlagerung zweier repräsentativer Säle im späten 16. Jahrhundert, unauffällig an der Seite des Baus. Keine prachtvolle Treppenhausanlage und kein großzügiges Foyer leiteten in den Raum, in dem man sich unvermittelt wiederfand.

Um so eindrucksvoller und überwältigender ist der Eindruck, der den Eintretenden empfängt *(Falttafel)*. Von der in einem Halboval eingefügten Zuschauertribüne, der *Cavea,* überblickt man die ganze Szenerie. Über die in einiger Vertiefung angelegte *Orchestra* und das *Proscenium* hinweg wird alle Aufmerksamkeit sofort auf die *Scenae frons* gelenkt, die monumentale Schauwand der Bühne *(Abb. 1)*. Sie ist horizontal in drei Geschosse gegliedert. Die beiden unteren Geschosse zeichnen sich durch vorgestellte Säulen aus, die auf den Gesimsverkröpfungen Statuen tragen. Die Felder zwischen den Säulenanordnungen werden durch Ädikulen, fensterartige Figurennischen, gefüllt. In ihnen finden sich Statuen von in antikisierende Gewänder gehüllten Figuren – Ebenbilder der Besteller dieser Bühnenanlage, nämlich der Olympischen Akademie von Vicenza. Denn auch hierin zeigt das Teatro Olimpico ei-

Seite 6/9
1 *Teatro Olimpico. Schauwand*

2 *Teatro Olimpico. Die äußere Bauanlage*

ne entscheidende Neuerung, daß es sich nicht um einen fürstlichen Bauauftrag handelt, sondern um das gemeinsame Bauprojekt einer in sich demokratisch strukturierten humanistischen Vereinigung.

Über den beiden architektonisch durch Ordnungen gegliederten Geschossen bildet eine dritte Zone den Abschluß. In den Relieffeldern, die jeweils von vorgestellten Statuen flankiert werden, sind Szenen aus dem Leben und Wirken des Herkules dargestellt. In Höhe der beiden unteren Geschosse wird die Schauwand von einem mächtigen Portal mit halbkreisförmigem Abschluß durchbrochen, und an den Seiten befinden sich zwei kleine Portale, die unter dem ersten umlaufenden Gesims waagrecht abschließen. Der Dreiteilung der horizontalen Gliederung entspricht so eine Dreiteilung des Wand-Aufrisses durch die zentrale *Porta Regalis* (Hauptportal) und die sie flankierenden *Hospitalia* (Seiteneingänge). Es handelt sich um die klassische Struktur eines Triumphbogens nach antikem Vorbild.

»Das Olympische Theater ist ein Theater der Alten, im kleinen realisiert und unaussprechlich schön, aber gegen die unsrigen kömmt mir's vor wie ein vornehmes, reiches, wohlgebildetes Kind, gegen einen klugen Weltmenschen, der, weder so vornehm, noch so reich, noch wohlgebildet, besser weiß, was er mit seinen Mitteln bewirken kann.«[1] Wer immer das Olympische Theater in Vicenza betritt, oder dort eine der häufigen Theateraufführungen besucht, wird in den Worten, mit denen Johann Wolfgang Goethe 1786 das Olympische Theater des Andrea Palladio beschrieb, die treffsichere Beschreibung dieses Bühnen-Hauses erkennen. Ungeachtet seiner Faszination übt Palladios Theater auch eine nicht geringe Irritation aus. Was Goethe mit seiner Metapher vom schicklich herausgeputzten Kind, von der funktionslosen Preziose, gleichsam intuitiv bemerkt hat, war die Unbespielbarkeit dieser Bühne. Tatsächlich mangelt es dem Olympischen Theater an der Grundvoraussetzung des modernen Theaterbetriebs, an der Veränderbarkeit der Bühne, deren Aktivierung durch die Stückvorgabe, durch den Gestaltungswillen des Regisseurs und des Bühnenbildners.

Das Teatro Olimpico des Andrea Palladio hingegen ist Schmuck und Ornament, gelehrtes Programm und feierlicher Akt, nicht eigentlich aber praktikable Bühne. Hierin kann es nicht als Inkunabel neuzeitlichen Bühnenbetriebs oder gar als fulminanter Höhepunkt der Thea-

Seite 11
3 *Teatro Olimpico. Porta Regalis (Hauptportal)*

terbaukunst der Renaissance gelten. Seine – nicht geringere – Bedeutung liegt woanders. Der noch ganz in seinem ursprünglichen Zustand erhaltene Theaterraum mit seiner großflächigen Schauwand, seinem eigentümlichen Zuschauerpodium und mit seinen zu Recht so berühmten Ausblicken in eine geschickt gestaffelte, illusionistische Hintergrundarchitektur, ist selbst eine Inszenierung. Es handelt sich um ein monumentales Szenarium der Olympischen Akademie von Vicenza, als deren Mitglied und in deren Auftrag Andrea Palladio einen Entwurf schuf, der, mit entscheidenden Änderungen, 1585 zur feierlichen Einweihung des Olympischen Theaters als Sitz der Akademie führte. Andrea Palladio sollte darin noch einmal auf antike Vorbilder zurückgreifen – weniger aus eigenem Antrieb, als vielmehr auf Betreiben seiner Akademiekollegen. Hatte Palladio die buchstabengetreue Rekonstruktion antiker Bauformen, die seine Frühphase charakterisiert, schon lange hinter sich gelassen und zu schöpferischer Eigenleistung im Umgang mit den Vorgaben des Altertums gefunden, galt für die humanistischen Olympier noch immer das Primat der Antike und deren möglichst getreuer Wiederbelebung. Was das »Olimpico« vor- und aufführt, ist die glanzvolle Selbst-Inszenierung einer von der Antike beseelten Versammlung Vicentiner Edelleute und deren Anspruch auf zeitlosen Ruhm. Es ist ein Theater der Erinnerung.
Daher hat das Olympische Theater in seiner Zeit auch keinen nennenswerten Einfluß auf andere Theaterbauten ausgeübt. Selbst die in zeitlicher und örtlicher Nähe entstandenen Theater, das »Teatro Olimpico« des Vincenzo Scamozzi für Vespasiano Gonzaga in Sabbioneta oder Aleottis »Teatro Farnese« in Parma,

VIRTVTI AC GENIO
OLYMPICOR. ACADEMIA THEATRVM HOC
A FVNDAMENTIS EREXIT
ANN. MDLXXXIIII PALLADIO ARCHIT.

gelangen zu gänzlich unterschiedlichen Lösungen, zumal in der Gestaltung des Bühnenaufbaus.[2] Es unterstreicht die Einzigartigkeit von Palladios Entwurf und Scamozzis abschließenden Eingriffen, daß ihre Übertragung auf andere Häuser, im Dienste anderer Besteller, unmöglich ist. Darin liegt die Schwierigkeit dieses Theaters, darin liegt aber auch sein Reiz, und, vielleicht, die Möglichkeit, sein Wesen zu entschlüsseln.

DAS THEATER ALS BAUAUFGABE

Kaum ein anderes Betätigungsfeld gewährte dem Architekten der Renaissance so viel schöpferischen Freiraum wie gerade die Realisierung eines Theaters und im besonderen die Ausgestaltung der Bühne. Rücksichten, wie sie die Errichtung »realer« Architektur, also etwa die eines Stadtpalastes, forderte, konnten hier ungleich freizügiger gehandhabt werden. Dabei erlaubte schon das Baumaterial selbst – meist Stuck und Holz – Konstruktionen, deren Aufrichtung andernorts nicht zu bewerkstelligen gewesen wäre. Die Bühne erschloß mithin ein architekturtheoretisches und -praktisches Experimentierfeld für ideale Architekturen und urbane Entwürfe, wie sie auch in der Malerei und, vereinzelt, in der Stadtbaukunst entworfen wurden.
Mit dem Aufleben des Humanismus und der von ihm vehement betriebenen Wiederbelebung der antiken Dramenliteratur war eine weitere Voraussetzung zur Ausbildung einer neuartigen, zur Darstellung humanistischer Ideen geeignete Bühnenarchitektur geschaffen.

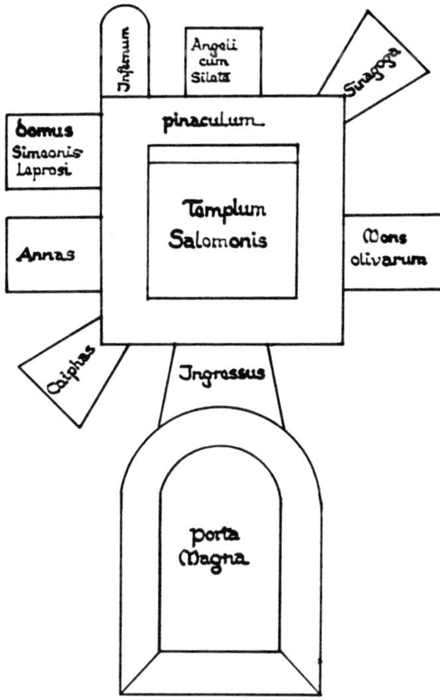

4 *Szenischer Grundriß eines Passionsspiels um 1514 (Deutsches Theatermuseum, München).*

Bereits einige Generationen vor Palladio beginnt ein neuer Abschnitt in der Entwicklung der neuzeitlichen Theater- und Bühnenbaukunst. Er ist gekennzeichnet durch die Abkehr von der mittelalterlichen Spieltradition, die, auf einer Simultanbühne, das Nebeneinander verschiedener Orts- und Bildeinheiten zeigte *(Abb. 4)*. Zudem kannte die mittelalterliche Bühnenpraxis, fast ausnahmslos der Darbietung religiöser Inhalte gewidmet, nur das Publikum, das sich auf Plätzen und entlang der Straßen zusammenfand, um den geistlichen Zeremonien und Schauspielen beizuwohnen.

Durch das Aufkommen einer neuen Bildungsschicht, deren materieller Wohlstand die Grundvoraussetzung bot, entstand ein neues Publikum, dem das Erleben einer Theateraufführung literarischer, profaner Stoffe bald ebenso wichtig war wie die Inszenierung der eigenen Teilnahme. Darin erkannte die nunmehr führende Gesellschaftsschicht die willkommene Gelegenheit, Gelehrsamkeit, Freigebigkeit und Prachtentfaltung vor den Augen der anderen zu zelebrieren. Die Architektur schuf hierfür den notwendig neuen Rahmen.

Die Ausbildung einer Bühnenarchitektur, die den Schauplatz der Handlung unter einem präzise formulierten Bildgedanken vorstellt, datiert erst vom Beginn des 16. Jahrhunderts. Zu diesem Zeitpunkt bildet sich neben dem improvisierenden Platz- und Saaltheater eine Bühnenkonzeption, die den aristotelischen Grundsätzen der Einheit von Zeit und Raum verpflichtet ist und diese zusammenfaßt. Durch – schriftliche – Quellen erstmals belegt findet sich diese für die Folgezeit so entscheidende Neugestaltung der Bühne in Ferrara. Pellegrino da Udine schuf dort, 1508, am Hofe der Este für Ariosts Komödie »Cassaria« eine perspektivisch angelegte Bühnendekoration, die aus reliefartigen, festinstallierten, stuckierten Dekorationsteilen zusammengesetzt war. Diese wurden, unter Berücksichtigung einer strengen optisch berechneten Verkürzung, hintereinander gestaffelt.[3] Auch für Raffaels Bühnenaufbauten – so für die »Suppositi« des Ariost im Jahre 1519 – ist die Darstellung einer Stadt im reliefartig gestaffelten Bühnenhintergrund überliefert.[4]

Erste bildliche Quellen, die den planerischen Prozeß der Raumerweiterung der Bühne dokumentieren, gehen auf Baldassare Peruzzi zurück. Dessen Haupttätigkeit als Bühnen- und Festausstatter lag zwischen den Jahren 1515 und 1527. Auch für Peruzzi ist die Staffelung der Bühnenbauten unter dem Gesetz perspektivischer Berechnung verbindlich. In den Florentiner Uffizien hat sich ein Blatt erhalten, das eine Architekturdekoration in Form eines Straßenzuges zeigt *(Abb. 5)*. Die zu beiden Seiten verlaufenden Häuserreihen sind so gestaffelt, daß in der plastisch realisierten Zone das vordere Haus immer von dem darauffolgenden, größeren, überragt wird. Das Bühnen-Bild ist durch eine Stufe, die die Breite des Bildes einnimmt, vom Podium getrennt. Die Straße verläuft in der Mittelachse. Die Zentralperspektive wird in den Linien der seitlichen Häuser und vor allem in dem in fünf Streifen gegliederten Straßenboden angewendet. Sie führen den Blick des Zuschauers durch das symmetrisch angelegte Straßenbild in den Hintergrund, wo eine weitere Stufe die Grenze zwischen Reliefraum

5 Baldassare Peruzzi, Bühnenentwurf (Florenz, Uffizien, GDS, n. 291 A).

und einem vielleicht nur gemalten, oder aber illusionistisch völlig verkleinerten Hintergrund bildet.[5] Der vorgelegte Reliefraum selbst durfte noch keine allzu eklatante perspektivische Verkleinerung aufweisen, da sonst die davor agierenden Darsteller in grotesk anmutendem, maßlosem Gegensatz zu der sie umgebenden Architektur gestanden hätten. Der weit hinten liegende eigentliche Bildhintergrund setzt das Straßenbild fort, auch er folgt der stetigen Verkleinerung. Entlang der Fluchtlinien der Häuserzeile gelangt der Blick zu einem Torbogen, durch den, als Endpunkt dieses kontinuierlich abnehmenden, gestaffel-

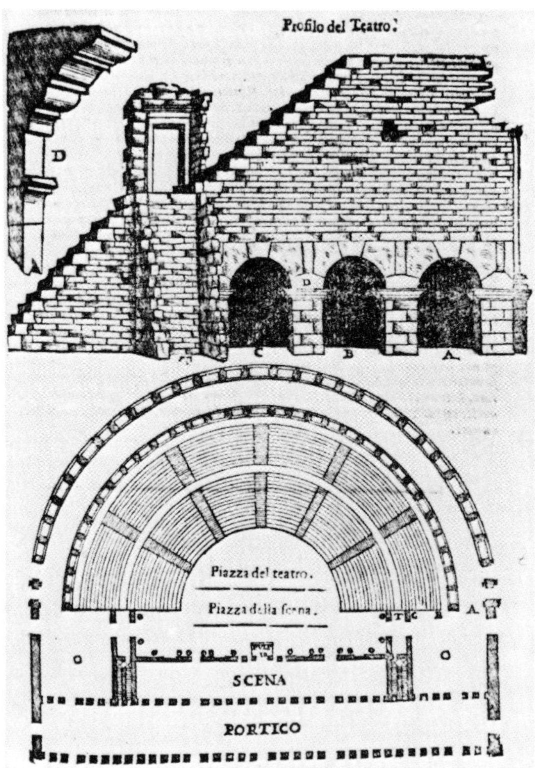

6 *Sebastiano Serlio, Das antike Theater in Pola (D'Architettura, Lib. III).*

ten Bühnenaufbaus, ein Kirchturm zu sehen ist. Hier erst ist das Zentrum der Perspektive erreicht, schließt die Bühnenaussicht ab.

Die Ergänzung der vorgelagerten Dekorationszonen durch einen gemalten, die Zentralperspektive aufnehmenden Prospekt, ist auch für andere Bühnenanlagen der Zeit verbürgt.[6] Der axiale, auf einen Fluchtpunkt hin angelegte Szenenraum entspricht dem Bestreben nach Raumverankerung, nach einer durch den Künstler geschaffenen, eigenen Ordnung – ein Anliegen, das die Kunst der Renaissance, namentlich in der Malerei und Architektur, nachhaltig beschäftigte.[7] Doch bleibt in der Bühnenarchitektur dieser neu »gewonnene« Raum für den Spielverlauf unerheblich, da er dramaturgisch nicht in diesen einbezogen wird. Er verleiht allein optische Tiefe.

Peruzzis Entwurf eines unter einem einheitlichen Bildgedanken zusammengefaßten Bühnen-Bild-Hintergrundes beeinflußte in der Folge Sebastiano Serlio. Er entwickelte diesen maßgeblich weiter, und kodifiziert in seiner 1555 erstmals erschienenen »Architettura« die Gestaltungsweisen der Renaissancebühne, auf die sich viele folgende Bühnen- und Theaterentwürfe beziehen lassen. Wenn auch Serlio, mehr noch als Peruzzi, ganz vom Impetus der zu diesem Zeitpunkt einsetzenden Vitruv-Studien getragen ist, und die von Marcus Vitruvius Pollio um 16/13 v. Chr. formulierten Grundprinzipien des antiken Theaters[8] zu erläutern versucht, so ist er doch auch nicht weniger an der Fortentwicklung der Baugedanken Baldassare Peruzzis interessiert.

Serlio gliedert in seinem Rekonstruktionsversuch das Theater in deutlich voneinander geschiedene Raumteile *(Abb. 6)*. Den Zuschauerraum (die *Cavea*), legt er amphitheatralisch um

7 *Sebastiano Serlio, Die »Scena Tragica« (D'Architettura, Lib. II).*

das Halbrund der *Orchestra*. An sie grenzt ein schmaler Raumstreifen, das *Proscenium*, hinter dem sich dann das eigentliche Spielpodium erstreckt.

Hinter dem Spielpodium konzipiert Serlio auf ansteigendem Boden das in perspektivisch angelegten Raumschichten eingerichtete Bühnen-Bild. Es ist, wie schon bei Peruzzi, ein vorgetäuschter Tiefenraum.

Vitruv folgend, unterteilt Serlio die Bühne in drei Gattungen, die der antiken Dramenliteratur folgen. Sie tragen die Benennungen »Scena tragica« *(Abb. 7)*, »Scena comica« *(Abb. 8)* und »Scena satirica«. Es sind immer Straßenbilder mit halbpraktikablem Bild-Hintergrund. Serlio schuf somit erstmals die vollständige Ausbildung der zentralperspektivischen Raumer-

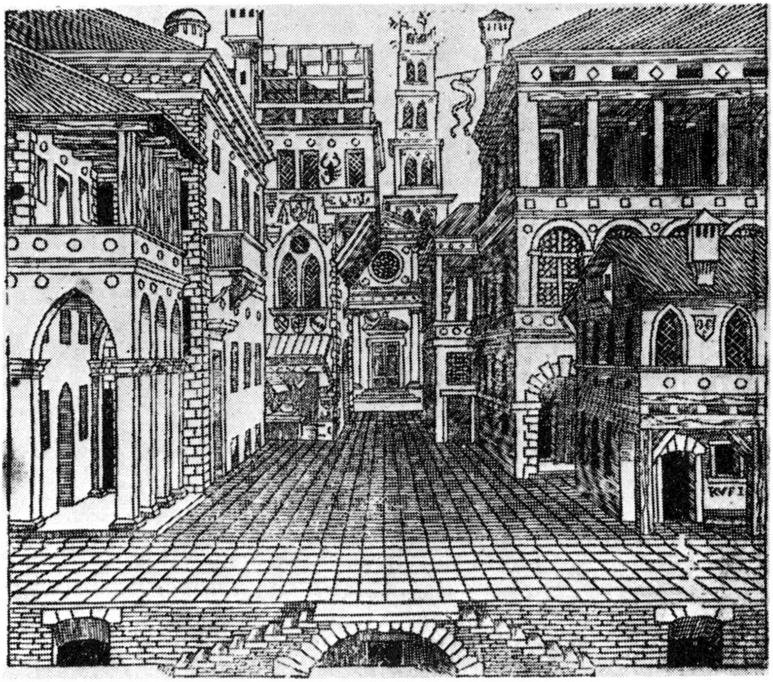

8 *Sebastiano Serlio, Die »Scena Comica« (D'Architettura, Lib. II).*

weiterung durch das Einfügen einer Scheinarchitektur, der Spielbühne eine eigene Bildbühne anfügend. Aber auch Serlios Entwürfe lassen erkennen, daß der Bühnenhintergrund für den Spielverlauf unbedeutend bleibt, weil nicht aktiviert. Er stellt allein einen topographisch identifizierbaren, realen oder idealen Ort vor, der zudem die Gattung der Stückvorgabe unmittelbar kennzeichnet. Er ist ein Rahmen, auf den das Spiel nur inhaltlich, nicht wirklich räumlich bezogen war.

Das Streben nach einem möglichst »realistisch« gestalteten Raumeindruck machte für die Bühnen-Bildner der Renaissance eine Kompromißlösung notwendig. Ein nur gemalter, wenn auch den Gesetzen der Zentralperspektive gehorchender Bühnenprospekt konnte die optische Raumvertiefung nur unzulänglich zur Geltung bringen. Anders als in der Malerei, die ja den vor diese Hintergrundarchitektur plazierten Menschen selbst proportionell gestalten und tendenziell verändern konnte[9] *(Abb.9)*, agierten auf der Bühne lebende Menschen, die vom Betrachter in bezug zu dem sie umgebenden Rahmen gesetzt wurden. Der Kompromiß, den die neue Bühnenarchitektur hierfür finden mußte, bestand in der Verquickung von zentralperspektivischer Scheinräumlichkeit und realer Architektur.

So wie aber in der Malerei das System der strengen Zentralperspektive immer seltener Anwendung fand und, nach einer anfänglichen Dominanz, die reliefartig anmutende Inszenierung des Bildhintergrundes aufgelöst wurde *(Abb.10)*, setzte sich auch für die Bühnenaufbauten um die Mitte des 16. Jahrhunderts ein

9 *Raffaello Santi, Die Schule von Athen (Vatikan, Stanza della Segnatura, 1509–11).*

10 *Paolo Veronese, Das Gastmahl Gregors des Großen (Vicenza, Monte Berico, 1572).*

neues Raumempfinden durch: die halbpraktikable, breite Renaissancebühne weicht der Raumbühne, die dem Bestreben, den gesamten Bühnenapparat zu aktivieren, entgegenkommt. Der Tiefenraum wird so in den Spielverlauf als eigener Handlungsort einbezogen; eine organische szenische Verbindung zwischen Vorder- und Hintergrundbühne entsteht.

Diese neuen Tendenzen zeigten sich zuerst in Florenz. Giorgio Vasari, Bernardo Buontalenti und Angelo Bronzino entwickelten jene umfassende Bühnenarchitektur, die in eigens dafür eingerichteten Sälen hinter einem Proszeniumsbogen mit Bühnenvorhang eine bebaubare Szenenlandschaft vorsah.[10] Das florentinische Theater entsprach damit einem gesteigerten Bedürfnis seiner großherzoglichen Besteller nach Inszenierung des Fürsten selbst. Die »Scena del principe« wird so im doppelten Wortsinn zur Bühne des Fürsten, und zwar auf beiden Seiten der Bühnenrampe *(Abb. 11)*.

Dieser Bewegung steht im Norden Italiens eine Theatertradition gegenüber, die noch immer

11 *Bernardo Buontalenti, Bühnenentwurf (Florenz, Uffizien, GDS, n. 2306 A).*

dem antikisierenden Bühnenideal verhaftet blieb. Die Loggia Cornaro in Padua *(Abb. 12)* ist Zeugnis einer nach tradierten Mustern konzipierten Szenographie, die den späthumanistischen Tendenzen Venedigs und seines Hinterlands entsprach.[11] Falconetto ist so auch der für Andrea Palladio bestimmende Einfluß zeitgenössischer Bühnenpraxis zuzuschreiben. Palladios Olympisches Theater erscheint, verglichen mit den Totalinszenierungen der florentinischen Bühne, als »rückschrittlich«. Tatsächlich fußt Palladio zwar auf den entscheidenden Neuerungen der Bühnenarchitektur, so Peruzzis und Serlios, deren Leistungen aber im Sinne einer weiteren Raumeroberung fortzuentwikkeln liegt nicht in seinem Sinne. Ihn leitet bei seinem Entwurf für das Olympische Theater in Vicenza ein historisch-künstlerisches Interesse an antiken Bauformen und deren Umsetzung in reale, zeitgenössische Architektur. Wenn Palladio auch in seinen anderen Bauten die buchstabengetreue Wiedergabe antiker Bauelemente lange aufgegeben und zu ganz eigenständigen, aktuellen Umsetzungen gelangt war, so nötigte ihn das antiquarische Interesse seiner Besteller, auf eine Phase seiner eigenen Entwicklung zurückzugreifen. Die in den Künsten und Wissenschaften dilettierenden Edelleute Venedigs und der Terra Ferma, und zumal die Mitglieder der Olympischen Akademie, erkannten im Selbstbezug auf antike Vorgaben die Möglichkeit der eigenen Standortbestimmung und Artikulation ihrer Selbstbehauptung. In dem von ihnen zum Mitglied erhobenen Baumeister Palladio schließlich verehrten sie den Mann, der ihnen diese vergangene Welt erschließen und neu gründen half.[12]

12 *Gianmaria Falconetto, Loggia Cornaro in Padua (1524).*

ANDREA PALLADIO UND DAS THEATER

Unter den vielen Bautypen, mit denen sich Andrea Palladio zeit seines Lebens theoretisch und praktisch beschäftigt hat, spielt das Theater eine übergeordnete Rolle. Auf seiner ersten Rom-Reise, in Begleitung seines Förderers Giangiorgio Trissino, galt seine besondere Aufmerksamkeit gerade den Überresten spätrömischer Theaterbauten, wovon eine Vielzahl detaillierter Zeichnungen und Bauaufnahmen Zeugnis ablegt.[13] Erst um die Mitte der dreißiger Jahre kam Palladio, nach Lehr- und Gesellenzeit als Steinmetz in Padua und Vicenza, mit Ausbesserungen an der Villa des Grafen Trissino in Cricoli beschäftigt, in Kontakt mit den humanistischen Kreisen des Veneto. Schon der Umstand, daß Andrea di Pietro della Gondola, in Anlehnung an die göttliche Weisheit Athenas und deren Patrozinium über die Baukunst,

13 *Andrea Palladio, Grundriß des römischen Theaters von Verona (London, Royal Institute of British Architects, X/13).*

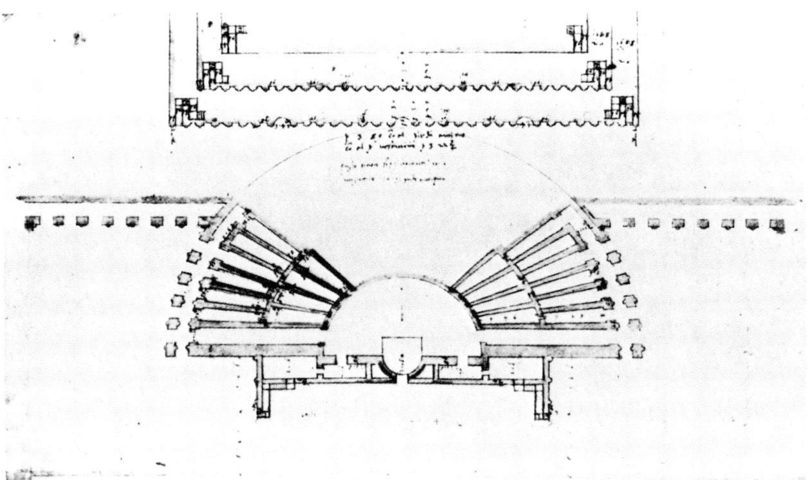

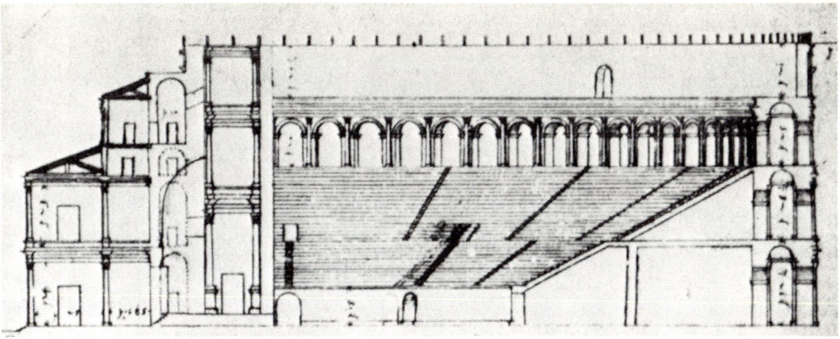

14 *Andrea Palladio, Querschnitt durch das römische Theater von Verona (London, RIBA, IX/II).*

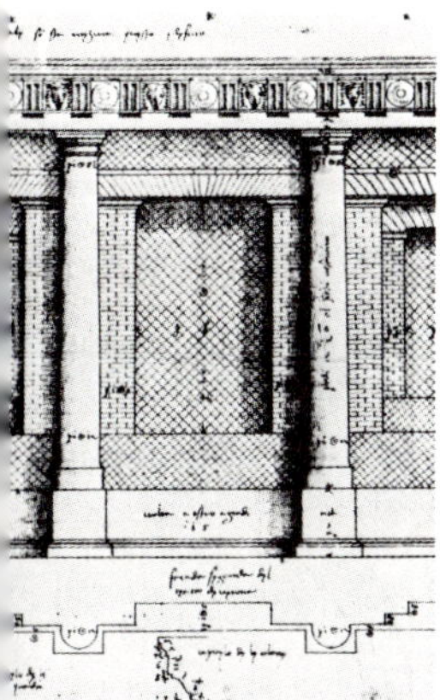

15 *Andrea Palladio, Aufriß der zweiten Galerie des römischen Theaters von Verona (London, RIBA, XII/22 v.).*

fortan den Namen Palladio trägt, um im Kreise der Edelleute solchermaßen nobilitiert zu sein, beleuchtet deutlich das Treueverhältnis, in das er damit eingetreten war. Als Gegenleistung für eine umfängliche humanistische Bildung und Bauaufträge, die ihm sein Mentor Trissino zukommen ließ, versicherte er diesen und seinen Kreis seiner handwerklichen Könnerschaft und praktischen Erfahrung zum Zwecke einer umfassenden Aneignung der Antike.

Palladios Interesse an der Baukunst der Alten mag zuvor bestanden haben oder aber erst jetzt geweckt worden sein: fortan macht er sich in jedem Fall das Studium der Alten zum eigenen Anliegen, persönlichem Forscherdrang damit ebenso genügend wie dem Impetus seiner Besteller.

Das Verfahren dieser Aneignung bedient sich zunächst der Zeichnung. Wie hinsichtlich aller anderen Baugattungen auch, ist Palladio bei seinem Studium der antiken Theaterarchitektur um die Ergänzung fehlender Teile und Erfassung aller Baudetails bemüht. So zeichnet er einen Grundriß des römischen Theaters von Verona *(Abb. 13)*, dessen Querschnitt *(Abb. 14)* sowie Teilstücke der zweiten Galerie *(Abb. 15)*. Das römische Theater von Pola studiert und

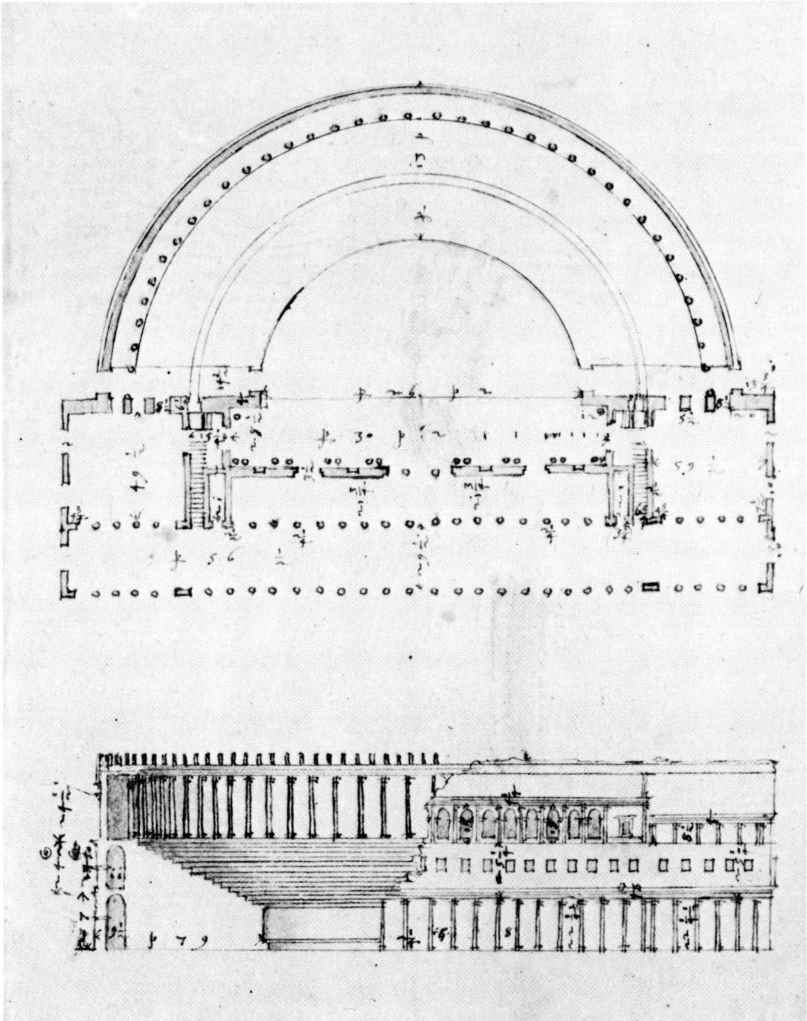

16 *Andrea Palladio, Das römische Theater in Pola (London, RIBA, X/3).*

skizziert er im Grund- und Aufriß *(Abb. 16)*, vom römischen Marcellustheater fertigt er Schnitte, perspektivische Aufrisse und Detailskizzen an *(Abb. 17)*. Bei all diesen Bauaufnahmen gilt Palladios besonderes Augenmerk jenen Teilen, die sich trotz der erhaltenen Überreste nicht mehr schlüssig deuten lassen und daher nach einer Rekonstruktion und bildhhaften Erläuterung verlangen.

Bei den Theaterbauten interessiert ihn vor allem die Verbindung von Zuschauerraum und Bühne, *Cavea* und *Proscenium* also. In diesen Rekonstruktionsfragen artikuliert sich Palladios Suche nach einem möglichst organischen Bausystem, innerhalb dessen die einzelnen Teile zueinander in ebenso maßvollem Verhältnis stehen wie zum Ganzen, ein Entwurfsprinzip, das für all seine Architekturen Priorität besitzt.[14] Die Schauwand des antiken römischen Theaters, die *Scenae frons*, rekonstruiert Palladio nach vorhandenen Überresten und ergänzt sie nach Maßgabe eines harmonischen Bauganzen. So vorläufig seine Skizzen und Versuche bleiben müssen, und so wenig sie auch den Maßstäben wissenschaftlicher Archäologie genügen mögen – mit ihnen schuf sich Palladio einen Überblick über die antike Baukunst und ein Repertoire verfügbarer Einzelteile, die er aus keinem literarischen Werk der Zeit hätte ableiten können. Durch seine intensiven Studien der römischen Theaterruinen schuf Palladio sich einen umfänglichen Apparat an selbst überprüften Maßen und architektonischen Zusammenhängen und Mustern, der ihm bei der Realisierung eigener Theaterentwürfe zur unverzichtbaren Voraussetzung wird, galt ihm doch besonders hier die möglichst exakte Rekonstruktion der Baukunst der Alten als das vornehmste Ziel.

17 *Andrea Palladio, Marcellus-Theater in Rom (London, RIBA X/20 r).*

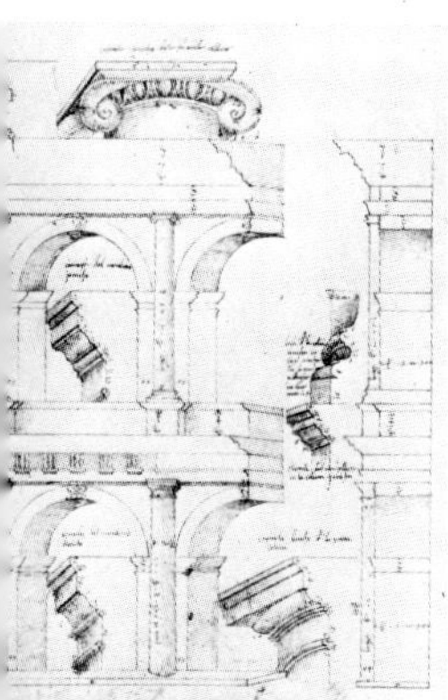

Vor allem aber machen ihn die so erworbenen Kenntnisse und Fähigkeiten zum willkommenen Mitarbeiter Daniele Barbaros, des Patriarchen von Aquileia und gelehrten Edelmannes, der Palladio anläßlich der von ihm besorgten Übersetzung und Edition der »Zehn Bücher zur Baukunst« des Vitruv zur Mitarbeit auffordert.[15] Die Mitarbeit an dem wohl bedeutendsten Versuch, das Erbe der antiken Baukunst wieder verfügbar zu machen, nutzt Palladio, um sein Gedankenmodell von den Gestaltungsprinzipien des antiken Theaters gültig zu formulieren. Vitruv liefert in seiner Beschreibung des römischen Theaters im 6. Kapitel des 5. Buches seines Traktats[16] eine Vielzahl von Daten bezüglich der wichtigsten Abmessungen dieses Bautypus, sein Text erlaubt aber keine Rückschlüsse auf die Ausgestaltung und das Aussehen der Einzelformen, zumal der *Scenae frons*. So gerieten die Rekonstruktionsversuche Fra Giocondos *(Abb. 18)* und Cesare Cesarinos *(Abb. 19)* auf der Grundlage der Vitruv-Stelle zu reinen Phantasiegebilden, denen Palladio in seiner Druckvorlage *(Abb. 20)* einen Entwurf entgegensetzt, der die größte Wahrscheinlichkeit aufweist.

Bei der Gestaltung des Grundrisses fußt er auf den von Vitruv angeführten Maßen. Dieser fordert die Anordnung des Grundrisses in einer Kreisperipherie und deren Strukturierung in zwölf gleichen Abständen. Die Größe der Orchestra, die Anordnung der Haupttreppen, die Tiefe von Proszenium und Bühnenhaus werden durch die Einschreibung vier gleichseitiger Dreiecke als Verbindungslinien dieser zwölf Fixpunkte festgelegt.

Palladio verband seinen Entwurf mit dem von ihm aufgenommenen Teatro Berga, dem römischen Theater von Vicenza *(Abb. 21)*, das zu jener Zeit noch in weiten Teilen sichtbar gewesen sein muß. Dieses Theater darf als die Hauptquelle von Palladios archäologischen Theaterkenntnissen betrachtet werden – mehr noch als die Altertümer Roms und anderer Stätten, die er wiederholt besuchte –, hatte er es doch täg-

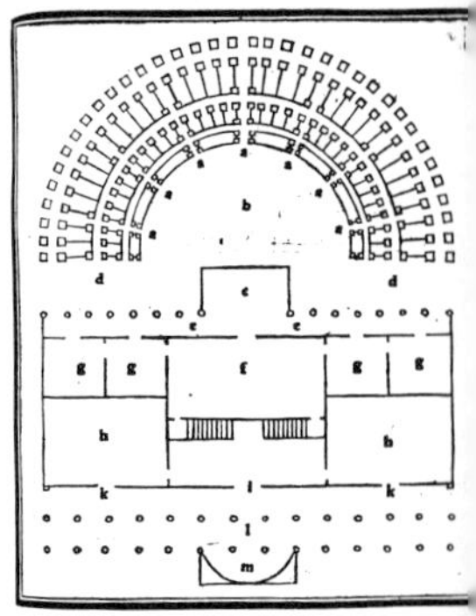

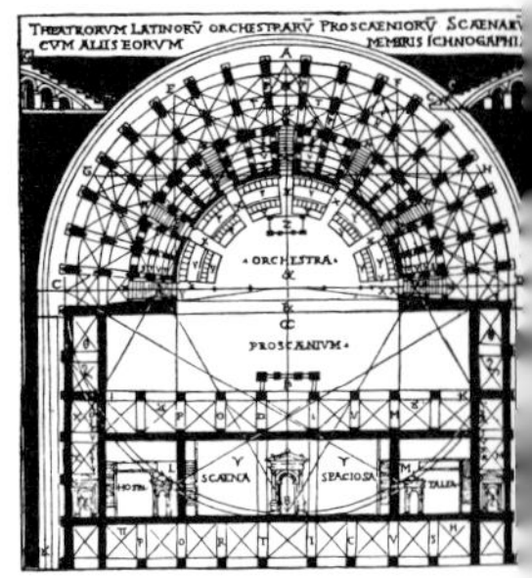

18 *Fra Giocondo, Rekonstruktion des Vitruvianischen Theaters (1511).*
19 *Cesare Cesarino, Rekonstruktion des Vitruvianischen Theaters (1521).*

20 *Andrea Palladio, Rekonstruktion des Vitruvianischen Theaters für die Vitruv-Edition des Daniele Barbaro (1556).*

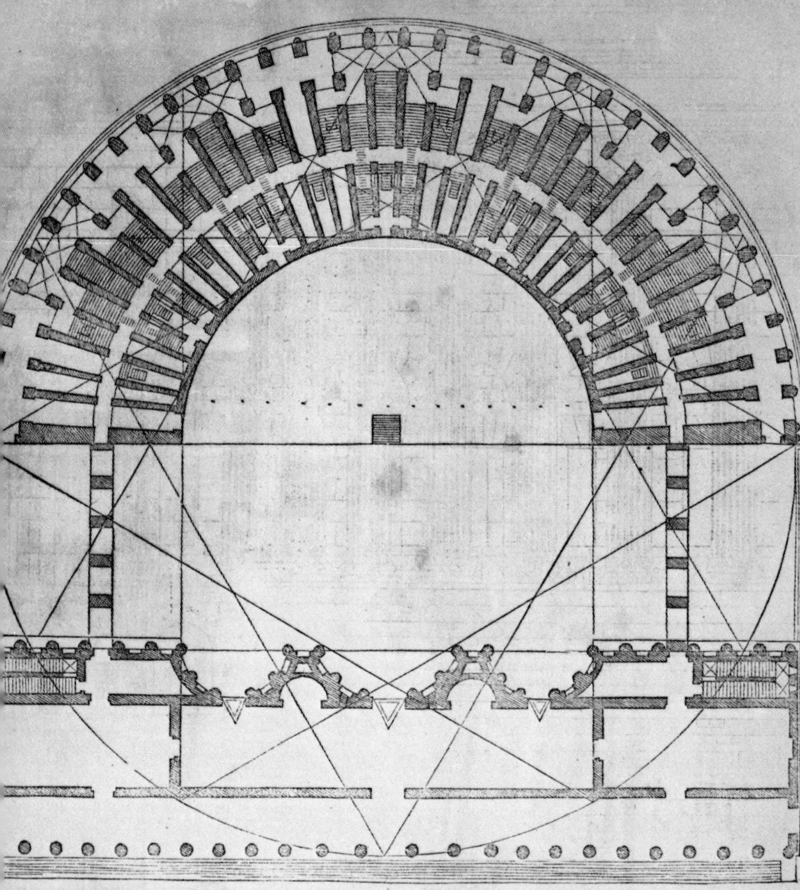

CAP. VII. DEL COPERTO DEL PORTICO DEL THEATRO.

IL Coperto di quel portico del Theatro che sta sopra l'ultimo ordine de i gradi superiori, si fa ad egual liuello dell'altezza della Scena; & la ragione è questa, perche la uoce crescendo egualmente peruenirà, & al sommo ordine de i gradi, & al tetto, perche se'l portico non serà eguale all'altezza della Scena, quanto men egli serà alto la uoce serà portata inanzi fin la doue ella prima peruenirà. *Io ho detto, che questo portico era sopra i gradi, & come un corridore aperto uerso la piazza del Theatro, ma serrato di dietro faceua risuonar la uoce mirabilmente. Leon Battista lo chiama circonuallatione, & dice, che per restrignere, & unir la uoce era fatto, & che sopra come per Cielo del Theatro, & per la uoce, & per l'ombra si tiraua una uela ornata di Stelle. Questo portico era fatto molto maestreuolmente, perche haueua sotto di se altri colonnati, & altri portichi per sostenimento di quelli di sopra, ma aperti nella parte esteriore, & ne i grandissimi Theatri. Questi portichi si faceuano doppi, perche meglio al tempo delle pioggi le genti si potessero riparare. I colonnati di questi era di opra soda, & ferma tratti i lineamenti da gli archi come dice Leone, che copiosamente di questi ne parla.*

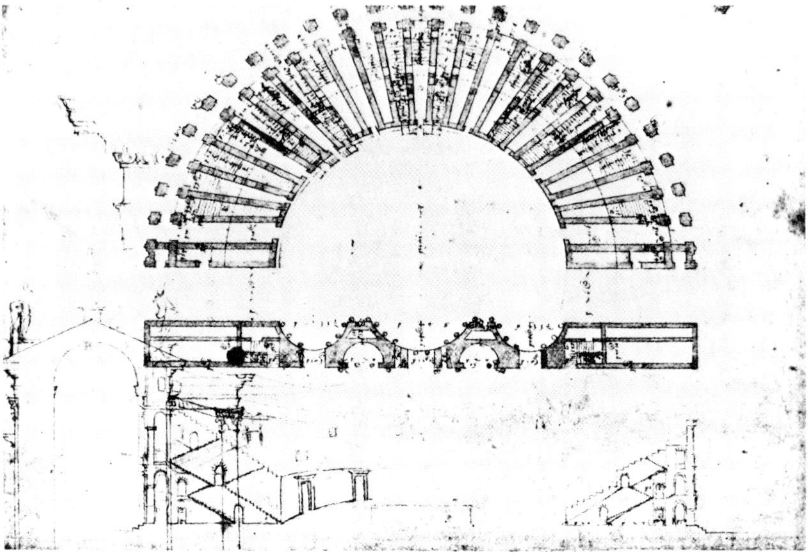

21 *Andrea Palladio, Grundriß des Teatro Berga in Vicenza (London, RIBA X/1 r).*

lich vor Augen. Die Einschreibung des realen Grundrisses des Teatro Berga in den aus der Theorie gewonnenen vitruvianischen Grundriß führte zwangsläufig zu einem Bruch des Gesamtkonzepts. Andererseits erzielte Palladio aber gerade dadurch eine Konkretisierung der Form und ein Maß an Wahrscheinlichkeit, das ihn, und mit ihm den Herausgeber Barbaro, das Theater Vitruvs als ein ausgereiftes, organisches Ganzes vorstellen ließ.

Bei der Zeichnung der *Scenae frons* des Theaters stellt Palladio eine in zwei Ordnungen gegliederte Schauwand vor, die von eingestellten Säulen und Figurennischen sowie mit Relieffeldern durchsetzt ist *(Abb. 22)*. Durch das mittlere Portal, die *Porta regalis* und durch die nur auf der rechten Seite sichtbaren, niedrigen Seitenportale, die *Hospitalia*, erkennt man perspektivisch angelegte Straßenzüge, die vermutlich auf die auf dem Grundriß erkennbaren *Periak-*

ten gemalt werden sollten. Das System der *Periakten*, prismenförmiger, drehbarer Einsatzstücke, ist für Vitruvs Theater nicht verbürgt, von Palladio aber als wahrscheinlich angenommen. Sie erlaubten, die Bühnenausblicke zu verändern, und, ungeachtet der unveränderten Schauwand, die Orte der Handlung wechseln zu lassen. In der Anlage der Schauwand erinnert die Rekonstruktion des vitruvianischen Theaters an die von Palladio in den »Vier Büchern zur Architektur« behandelten Plätze der Griechen. Auch sie stellt er als Säulenumgänge dar, deren Tektonik durch das Einfügen von Statuennischen belebt wird *(Abb. 23)*. Aber nicht nur unter formalen Aspekten finden sich Analogien zwischen der rekonstruierten Platzanlage der Griechen und der rekonstruierten Schauwand des vitruvianischen Theaters. Auch von ihrer Bestimmung her nähert Palladio sie einander an, ist seinen Ausführungen

22 *Andrea Palladio, Rekonstruktion der Schauwand des Vitruvianischen Theaters für die Vitruv-Edition des Daniele Barbaro (1556).*

23 Andrea Palladio, Aufriß der griechischen Platzanlage aus den »Vier Büchern zur Architektur«, Lib. III, Kap. 17 (1570).

zufolge doch der Platz der Griechen ein Ort, an dem man »den Schauspielen zusehen konnte, die auf dem Platz aus reiner Frömmigkeit oder aus reinem Vergnügen ausgetragen wurden.«[17] Die Idee des griechischen Platzes wird bei der endgültigen Ausstattung des Olympischen Theaters, schon nicht mehr unter Palladios Beteiligung, zur dramaturgischen und szenischen Leitlinie werden.
Mit seiner Mitarbeit an Daniele Barbaros ambitionierter Vitruv-Ausgabe empfahl sich Palladio fortan nicht nur als ein mit den humanisti-

schen Prinzipien vertrauter Theoretiker und Interpret der Baukunst der Alten. Seine für diese Ausgabe angefertigten Illustrationen wiesen ihn darüber hinaus als behenden Praktiker aus, der das Vokabular einer an der Antike geschulten Bauform beherrschte und so zum bevorzugten Auftragnehmer der humanistischen Kreise und zumal der Olympischen Akademie avancieren konnte. Diese feierte ihn denn auch als den neuen Vitruv – »Palladius noster, qui sit Vitruvius alter« (Unser Palladio möge ein neuer Vitruv sein)[18], und sicherte sich dessen Dienstbarkeit durch Aufnahme in ihre Reihen.

BAUHERRN UND OLYMPIER

Im Jahre 1555 als »scelta compagnia di virtuosi«, als Vereinigung ausgesuchter, in den Künsten und Wissenschaften dilettierender Edelleute, ins Leben gerufen, stellt die Olympische Akademie von Vicenza gegenüber den zahllosen anderen humanistischen Zirkeln Italiens eine Ausnahme dar. Sie rief auch Künstler in ihre Reihen, die allein dadurch Gleichstellung erfuhren, daß sie sich der Erneuerung der Antike verpflichteten. Die Olympier widmeten sich »den Dingen der Poesie, der Logik und Philosophie, der Redekunst, der lateinischen und italienischen Literatur, der Metaphysik und Mathematik, der Musik, der Geometrie und Arithmetik, der Malerei, Skulptur und Architektur, der antiken und modernen Geschichte, der Unterweisung der Edlen und jeder anderen lobenswerten Beschäftigung.«[19]
Damit postulierte die Olympische Akademie

den umfassenden Anspruch humanistischer Bildung, der einer jungen, emporstrebenden Gesellschaftsschicht als Legitimation dienlich war, und unterstrich darüber hinaus ihre kosmopolitischen Ambitionen. Wenn sie sich dadurch auch nicht der Übermacht des herrschenden Venedigs entledigen konnte, so gelang es ihr dennoch, sich ihr zu entziehen.[20]
Zum Schutzherrn über ihre tugendhaften Beschäftigungen hatte sich die Akademie Herkules gewählt, zu dessen Ehren sie im Mai 1558 olympische Spiele ausrichtete, in Anspielung auf den legendären Begründer der olympischen Wettstreite. Spätestens zu diesem Zeitpunkt ist Palladio für die Akademie als Fest- und Bühnenausstatter tätig. Von den Entwürfen dieser – etwas verspäteten – Gründungsfeiern hat sich kein Bilddokument erhalten, schriftliche Quellen aber beschreiben die von Palladio in Zusammenarbeit mit den Künstlern Lorenzo Rubini und Gianantonio Fasolo entworfenen Festbauten als reichen allegorischen Schmuck, vor dessen Hintergrund die Akademie-Mitglieder einen Dichterwettstreit austrugen. Erhalten hat sich allein die von Lorenzo Rubini geschaffene Herkulesstatue *(Abb. 24)*, deren Enthüllung zu den herausragenden Momenten der Zeremonie gezählt zu haben scheint. Ihr Sockel trägt in römischen Majuskeln die Inschrift:

24 Lorenzo Rubini, Herkulesstatue, Olympische Akademie, Vicenza (1558).

> HERCULES: IOVIS. F. = OLYMPICI
> ACADE. POS = HOC OPUS =
> HIC LABOR EST
> (Herkules: dem Sohn des Jupiter
> setzten die Olympischen Akademiker
> dieses Werk, als große Tat).

Der erste öffentliche Auftritt der Akademie sorgte für deren Institutionalisierung im gesellschaftlichen Leben Vicenzas. Und mit dem

Olympischen Theater ist nur der Abschluß einer rund drei Jahrzehnte währenden Tätigkeit Palladios als Ausstatter und Konstrukteur des allegorischen Programms dieser Akademie gekennzeichnet.

Im Vorraum des Teatro Olimpico, dem später von Scamozzi den palladianischen Plänen hinzugefügten *Antiodeo*[21], haben sich Fresken erhalten, die, wenn auch erst in der Mitte der neunziger Jahre des 16. Jahrhunderts entstanden, Zeugnis geben von den bedeutendsten Bühnenereignissen, die im Auftrag der Akademie eingerichtet wurden, und für die hauptsächlich Palladio Verantwortung trug.

Mit »Amor Costante« des Alessandro Piccolomini nahm die Akademie, die bereits 1557 die »Andria« des Terenz zur Aufführung gebracht hatte, ihre Bemühung um die Belebung des Theaterwesens in Vicenza wieder auf

25 *»Amor Costante« – Fresko im Antiodeo des Teatro Olimpico.*

(Abb. 25). Die Bühne, aus Holz im Saal des Palazzo della Ragione, der Basilica, errichtet, fand im darauffolgenden Jahr bei der Aufführung der »Sofonisba« des Giangiorgio Trissino wieder Verwendung, wenn auch in einzelnen Teilen modifiziert *(Abb. 26).* Die Fresken im *Antiodeo* erlauben, Palladios frühe Theaterbauten als Vorstufen des Teatro Olimpico zu identifizieren.

26 *»Sofonisba« – Fresko im Antiodeo des Teatro Olimpico.*

Die Schauwände sind in zwei Säulenordnungen gegliedert, durch Statuennischen und Relieffelder unterbrochen und mit Portalen versehen, die, wie ein späterer Bericht nahelegt, nicht gemalt, sondern in reliefierten Dekorationsteilen angelegt waren. Das Fresko mit der Darstellung aus »Amor Costante« *(Abb. 25)* läßt darüber hinaus erkennen, daß Palladio bereits hier eine in Form einer halben Ellipse angelegte *Cavea*, also Zuschauerränge, an die Schauwand herangeschoben hatte. Offen muß hier aber bleiben, ob nicht etwa die Form des fertiggestellten Theaters die Darstellungsweise der früheren Theaterereignisse beeinflußt hat, und so nachträglich eine Einheit und Traditionslinie optisch hergestellt werden sollten.

Beherrschend ist auf beiden Fresken das Thema des Triumphbogens, die Monumentalisierung der Szene also, nach antikem Vorbild. Schon auf diesen Schauwänden, wie später auch auf der *Scenae frons* des Teatro Olimpico, läßt die Akademie ihr Motto »HOC OPUS – (HIC LABOR EST)« in Verbindung mit ihrem Signet, einem römischen Wagenzirkus *(Abb. 27)*, anbringen, und bekräftigt damit ihren Status als Auftraggeberin und Beförderin der Künste.

Im Auftrag der Venezianischen Compagnia della Calza entwirft Palladio 1564 eine Bühne zur Aufführung des Trauerspiels »Antigone« des Grafen Da Monte. Von diesem Entwurf haben sich nur schriftliche Dokumente erhalten,

27 *Signet und Motto der Olympischen Akademie – Fresko im Antiodeo des Teatro Olimpico.*

28 *Andrea Vicentino, Der Einzug Heinrichs III. am Lido von Venedig 1574, Venedig, Dogenpalast.*

die von einem »mezzo teatro di legname a uso di colosseo« (einem mittelgroßen hölzernen Theater als Spielbühne nach Art des Colosseums), also offenbar einem in halbelliptischer Form um eine römische Bühne angelegten Zuschauerpodium sprechen.[22]

Neben diesen Arbeiten als Bühnenkonstrukteur ist Palladio aber auch als Ausstatter feierlicher Triumphe und Einzüge tätig, so für den Einzug Heinrichs III. von Frankreich 1574 am Lido von Venedig. Ein Bild des Andrea Vicentino *(Abb. 28)* hat die dafür geschaffenen Aufbauten, einen monumentalen Triumphbogen und einen dahinter angelegten Säulenumgang, festgehalten. Sie gleichen den Elementen des von Palladio rekonstruierten antiken Theaters, die in den Dienst von Prachtentfaltung und Machtrepräsentation treten, antike, und damit althergebrachte Legitimation in eindrucksvoller Verbindung von Architektur und Aufzug suggerierend.

DAS OLYMPISCHE THEATER

Soweit die Vorstufen, Studien und Voraussetzungen, die endlich zur Schaffung des Raumes führten, der als einziges, in Form gebauter Architektur überliefertes Zeugnis, diesen zentralen Bereich des Werkes des Andrea Palladio dokumentiert.

In einer Sitzung vom 10. August 1579 entschied die Olympische Akademie, das Ausbleiben jedweder theatralischer Aktivitäten seit Aufführung der »Sofonisba« im Jahre 1562 beklagend, für die nächste Karnevalssaison die öffentliche Darbietung einer »Pastorale« am Sitz der Akademie vorzubereiten. Aber schon kurze Zeit später wurde der vorgesehene Termin verschoben, erwies sich der Sitz der Akademie, im Gebiet von Portanuova, als gänzlich ungeeignet zur Einrichtung aufwendiger Fest- und Bühnenapparate. Mit Verschiebung des Termins beantragte die Akademie beim Rat der Stadt die Zuweisung eines geeigneten Terrains zur Errichtung eines »teatro stabile«, eines festen Bühnenhauses also, nicht, wie bisweilen geschlossen wurde, eines festen Bühnenbildes.[23] Mit dem positiven Bescheid, der der Akademie am 22. Februar 1580 ein Stück Land bei dem Alten Gefängnis in Nähe des Ponte degli Angeli zuwies, um dort sowohl einen Theaterbau als auch den neuen Sitz der Akademie einzurichten, verändern sich die Voraussetzungen grundsätzlich. Die Akademie erkannte nun die Gelegenheit, nicht nur ein Podium zur Ausrichtung ihrer edelsten Beschäftigung, nämlich der öffentlichen Darbietung von Theateraufführungen, anzulegen, sondern darüber hinaus auch die Möglichkeit, der Akademie selbst ein würdiges Bau-Denkmal zu schaffen. Die nun einsetzende Verzögerung der Bauarbeiten – es dauerte schließlich nahezu fünf Jahre, bis das ›Olimpico‹ eingeweiht wurde – bezeichnet die Sorgfalt und Bedachtsamkeit, mit der die Akademie dieses Monument ihrer selbst ins Werk setzte.

Es ging nun nicht mehr um die rasche und, wie ursprünglich geplant, kostengünstigste Ausführung der selbstgestellten Aufgabe, sondern um die Gründung eines Werks, das den eigenen Ruhm zeitlos würde erhalten können.

Zu diesem Zeitpunkt liegt ein Entwurf vor, der zumindest dem unmittelbaren Umkreis Palla-

29 *Andrea Palladio (Umkreis), Entwurf für die Schauwand und die Zuschauerreihen des Teatro Olimpico, um 1580. (London, RIBA, XIII/5)*

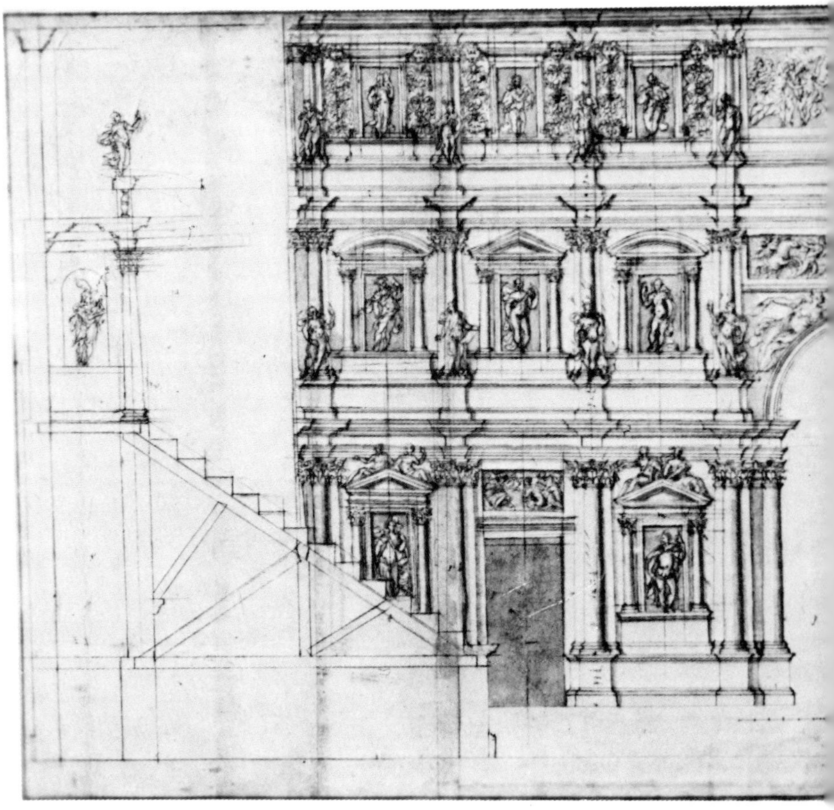

dios, der von der Akademie mit der Gestaltung der Bühne beauftragt worden war, zugeschrieben werden kann *(Abb. 29)*[24]. Er muß in die Zeit vor dem Mai 1580 datiert werden, da zu diesem Zeitpunkt die ›Accademici‹ beschlossen, die Nischen mit eigenen Porträtstatuen zu schmücken, während in diesem Entwurf an den betreffenden Stellen noch weibliche – allegorische? – Statuen vorgesehen sind. Dennoch kommt die Entwurfszeichnung, zumal die als Variationsangebot zu verstehende rechte Seite der Schauwand, dem ausgeführten Werk recht nahe. Die notwendig gewordenen Verände-

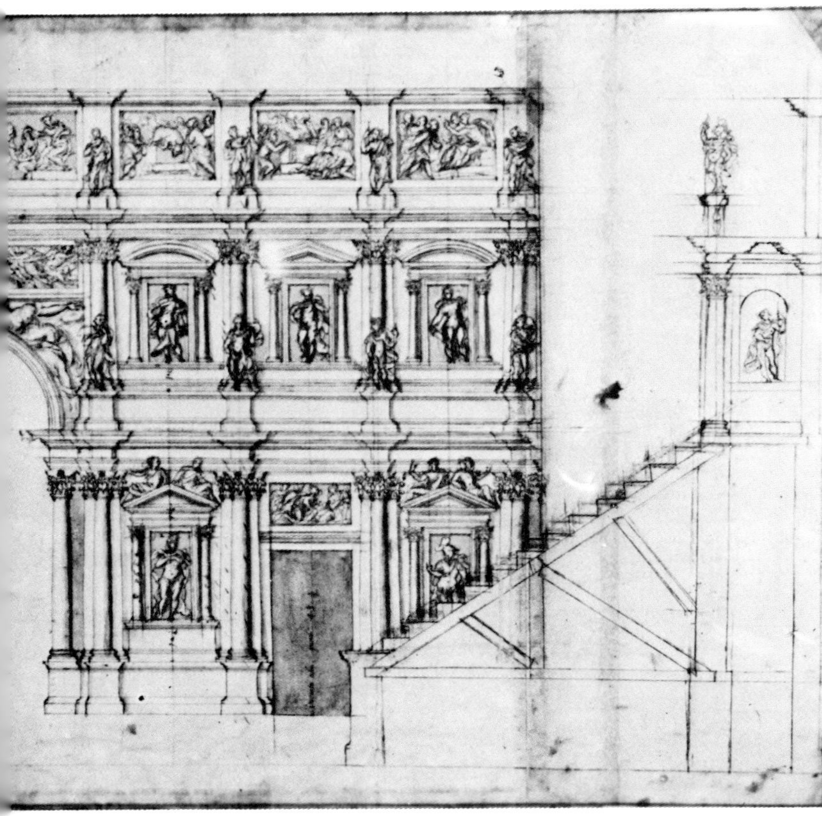

rungen haben vor allem einen Grund: Andrea Palladio stirbt am 19. August 1580, zu einem Zeitpunkt, da allenfalls die Außenmauern des Bühnenhauses hochgezogen sind.[25]

So fremd sich Auftraggeber und Baumeister in den letzten Lebensjahren Palladios geworden sein mögen – dieser war seit 1570 zunehmend in Venedig tätig, während sich die Vicentiner Aristokratie um eine Abgrenzung gegen die mächtige Lagunenstadt bemühte – Palladio war noch immer der für die Interessen der Akademie verbindliche Architekt. Wem anders, als dem von ihnen selbst zum neuen Vitruv erkorenen Baumeister, hätten sie den Bau ihres Theaters anvertrauen können?

Mit Palladio verlor die Akademie die wesentliche Inspiration zur Erschließung und Ausgestaltung ihres antikischen Ambiente.[26] Mit seinem Ableben ist denn auch die entscheidende Wende der Bühne des Teatro Olimpico von der befristeten Szenographie zum bleibenden Zeugnis einer humanistischen Gesellschaft gekennzeichnet.

Der auf Palladio zurückgehende Entwurf *(Abb. 29)* zeigt an den Seiten des Blattes erkennbar die Stufen des Zuschauerraums und belegt, daß er die Heranführung der Zuschauerränge an das *Proscenium* vorgesehen hatte. Erst zu einem späteren Zeitpunkt der Bauphase rücken die eingeschobenen Seitenwände entlang des *Prosceniums (Versurae)* die Sitzreihen zurück und sorgen so dafür, daß der Proszeniumsstreifen ganz von der monumentalen Architektur der Schauwand eingefaßt wird. Zu den auffälligsten Momenten des Theaters zählt die in halbelliptischer Form gestaltete *Cavea*. Dieses Oval, das eine deutliche Verbreiterung der Spielfläche ermöglichte, ist nicht allein auf die beengte Raumsituation zurückzuführen –

Palladio hatte seinen Bau in ein bereits an den Seiten bebautes Gelände einzuplanen. Das ausladende Oval der Zuschauertribüne erlaubte zugleich eine elegantere Verschmelzung von eckigem Raum und runder Form und wird – im kleineren Maßstab – ergänzt durch die Zuschauerränge des Wagenzirkus im Signet der Akademie auf der Schauwand. Die eigentümliche Form der Zuschauerränge – die erst sehr viel später, um die Mitte des 19. Jahrhunderts, wieder die Theaterarchitekten zu beschäftigen beginnt – ist aber vor allem beredter Ausdruck der demokratischen Strukturen der Olympischen Akademie. Diese konnte in ihrem Theater einen privilegierten Zuschauer nicht dulden, selbst der alle drei Monate neu zu bestimmende »Principe« sollte nicht in den Genuß eines hervorgehobenen Betrachterstandpunktes kommen. Palladios *Cavea* rückt alle Zuschauer an die Bühne heran und verhindert darüber hinaus eine Ausrichtung sowohl des Zuschauerraumes als auch der Bühne auf einen Zuschauer allein. Im Gegensatz zu den höfischen Theatern mit ihren Logen und dem »occhio del principe«, der auf den bedeutendsten Zuschauer hin berechneten Zentralperspektive, suchte Palladio seinen Theaterraum nach den Grundsätzen einer für jeden einsehbaren und gleichermaßen wirkungsvollen Bühne zu gestalten.[27]
Das dominierende Element dieses Innenraums ist jedoch die monumentale Schauwand. Sie erinnert unmittelbar an die antike Triumphbogenarchitektur, die Palladio intensiv studiert hatte *(Abb. 30)*. Die Schauwand ist in zwei Geschosse unterteilt und durch plastische Elemente stark gegliedert. Über den zwei Geschossen liegt eine Attikazone, die abwechselnd mit Reliefs und Statuen verziert ist. In der unteren Zo-

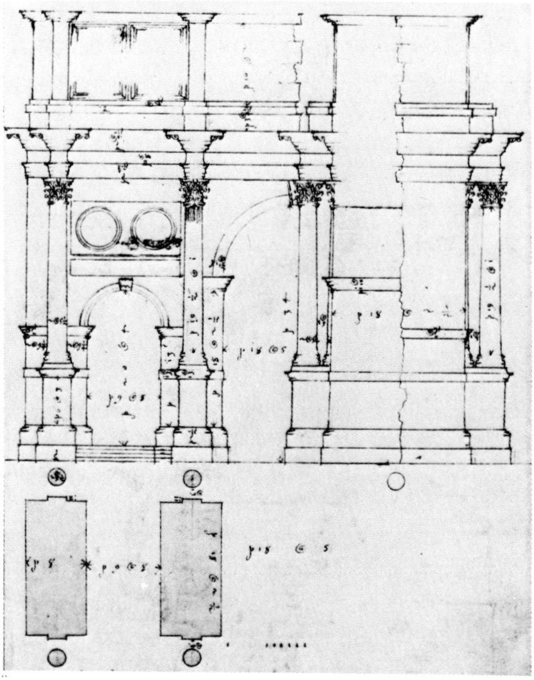

30 *Andrea Palladio, Der Konstantinbogen in Rom (London, RIBA, XII/5 r).*

ne zeigt das Geschoß vorgestellte Säulen, die auf starken Gesimsverkröpfungen Statuen tragen, die wiederum in der darüber liegenden Zone vor den gliedernden Halbsäulen Aufstellung finden.

Die Seitenwände zeigen jeweils schmucklose Eingangsportale, während die Hauptwand in der Mitte in Höhe beider Geschosse von dem triumphalen Bogen, der *Porta regalis* durchbrochen wird, der von zwei kleineren Toren – den *Hospitalia* – flankiert ist.

Das mangelnde Terrain ließ eine wirkliche räumliche Tiefenentwicklung zunächst noch nicht zu. Ohne in Besitz eines von Palladio entworfenen Grundrißplans zu sein, wird man dennoch annehmen müssen, daß er bei der Ge-

staltung der Durchblicke durch die Portale an die Verwendung jener prismenförmigen, drehbaren Einsätze dachte, wie er sie bereits für die Rekonstruktion des Vitruvianischen Theaters an diesen Stellen vorgesehen hatte. Diese dreieckigen, drehbaren Dekorationsrahmen, die perspektivisch angelegte, gemalte Schaubilder tragen konnten, beließen so die antike Schauwand, wie sie in Palladios Vorstellung ausgesehen haben mußte, unverändert. Zugleich aber entsprachen sie dem zeittypischen Bedürfnis nach Tiefenräumlichkeit, so wie es in den halbpraktikablen Bühnenbildern Peruzzis und Serlios vorbereitet war.
Palladios Entwurf war überdies für die Aufführung einer »Pastorale« gedacht, eines romantisierenden Schäferstücks, das Fabio Pace im Auftrag der Akademie zur Einweihung des Olympischen Theaters verfaßt hatte und das erst später dem »Ödipus« weichen sollte. Auf den gemalten Hintergrundbildern hat man sich also die für eine »Pastorale« angemessenen Landschaftsausblicke zu denken. Ein anläßlich der Feiern zum Gedenken des 400. Todestages Palladios entstandenes Plakat von 1980 *(Abb. 31)* kann einen ungefähren Eindruck von der Hinterblendung der Schauwand mit Landschaftsausblicken geben. Palladios *Scenae frons* sollte also allein den Rahmen für die Aufführung unterschiedlicher Stücke bilden, deren eigentliche, bildnerische Kennzeichnung nur in den Öffnungen der Portale vorgesehen war.
Mit ihrem Antrag an den Rat der Stadt vom 19. Januar 1582, der um weiteres Bauland zur Vervollkommnung ihres Theaters nachsucht, um dort »prospettive« einzurichten, eine perspektivisch angelegte Hintergrundsarchitektur also, bricht die Akademie mit Palladios Entwurf eines geschlossenen, harmonisch ausbalancier-

ten Raumsystems.[28] In dieser Abkehr ist aber weniger eine grundsätzliche Abgrenzung gegen Palladios Bauprinzipien aufgrund eines gewandelten, womöglich »manieristischen« Raumempfindens zu sehen. Ganz im Gegenteil. Durch ein System drehbarer, eingeschobener Bühnenbilder hatte Palladio die Veränderbarkeit seiner Bühne gewährleisten wollen. Um eben diese auszuschließen, entschied sich die Akademie zur Öffnung des Bühnenraums in eine fest installierte Hintergrundsarchitek-

31 *Plakatentwurf zum 400. Todestag Andrea Palladios 1980.*

tur. Diese schließt das Theater hermetisch gegen jede Veränderung ab. Schauwand und Bühnenhintergrund bilden so eine untrennbare Einheit.
Spätestens zu diesem Zeitpunkt entbrannte unter den Mitgliedern der Akademie eine kontrovers geführte Diskussion über das zu wählende Stück, mit dem die Bühne schließlich eingeweiht werden sollte. Gegen die ursprünglich vorgesehene »Pastorale« des Akademie-Mitglieds Fabio Pace wurde eine Tragödie ins Spiel gebracht, die nach antikem Muster verfaßt oder aber aus dem Repertoire der antiken Dramenliteratur selbst entnommen werden sollte. Erst die endgültige Entscheidung über dieses Stück setzte die Akademie dann auch in die Lage, die Ausgestaltung der Bühnenperspektiven zu bestimmen.
Am 28. Mai 1584 entscheiden sich die Olympier mehrheitlich für die Aufführung des »Ödipus« des Sophokles in der Übertragung des Venezianers Orsato Giustinianis, der zu diesem Zwecke rasch zum Mitglied der Akademie erkoren wird. Im Dezember 1583 ist bereits Angelo Ingegneri, ein durch verschiedene Theateraufführungen in Ferrara ausgewiesener Inszenator, mit der Vorbereitung der Eröffnungsveranstaltung beauftragt worden. In seinen Instruktionen zur Gestaltung der Bühne und ihrer Hintergrundsarchitektur fordert er, daß diese dem Ort, an dem sich die Tragödie des Ödipus zutrug, also Theben, so gut wie nur eben möglich angenähert werden sollte. Diesem Zwecke diene es vor allem, wenn man sieben Straßen auf der Bühne anlege, die zu den legendären sieben Toren Thebens führten.[29]
Spätestens im Mai 1584 ist die Akademie in Kontakt mit Vincenzo Scamozzi, dem die Errichtung der Hintergrundarchitektur, und also

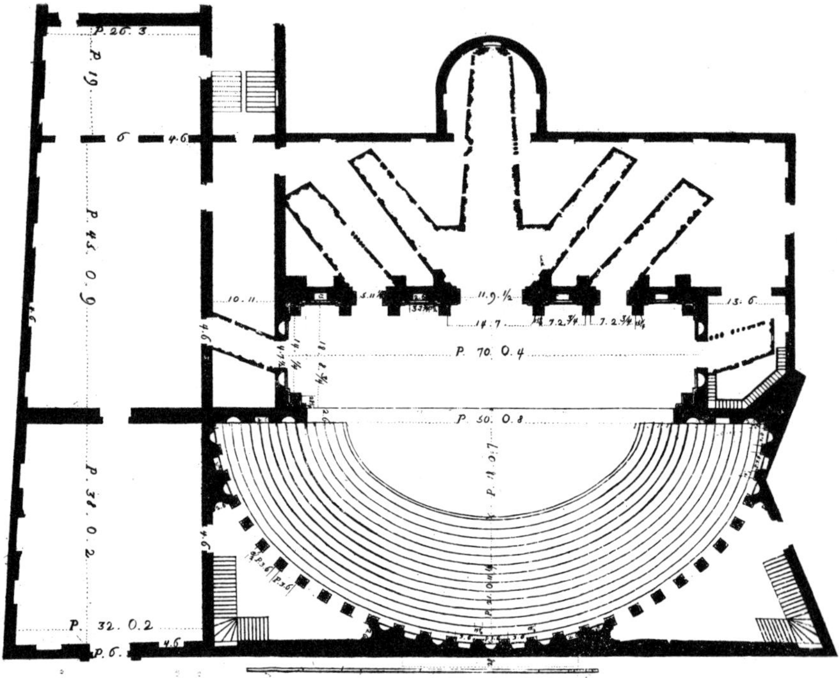

der Straßenzüge des imaginierten Theben, anvertraut wird. Dieser greift dabei auf die von Peruzzi und Serlio konzipierte halbpraktikable Hintergrundbühne zurück und entwirft Gänge, die auf ansteigendem Bühnenboden Häuserzeilen zu beiden Seiten zeigen, die perspektivisch in den Hintergrund führen *(Abb. 32–35)*. Wenn es sich auch bei den Bauten entlang der Straßen um Architekturen handelt, die den Tendenzen der zeitgenössischen Baukunst verpflichtet sind, so stellen sie doch nichts anderes dar, als das antikisch gestaltete Theben, Idealstadt des griechischen Altertums und Schauplatz der Tragödie des Sophokles. Scamozzi erweiterte die Portale der Schauwand, um den Raumeindruck zu intensivieren, auf Kosten des von Palladio streng

32 *Ottavio Bertotti Scamozzi, Grundrißplan des Teatro Olimpico (Holzschnitt, 1790).*

33 *Vincenzo Scamozzi, Entwurf für die Perspektiven des Teatro Olimpico (Florenz, Uffizien, GDS, n. 195 A).*

34 *Vincenzo Scamozzi, Entwurf für die hinter der »Porta Regalis« angelegte Straßenkulisse (Florenz, Uffizien, GDS, n. 197 A).*

angewandten Prinzips der Verhältnismäßigkeit, nämlich der harmonischen Entsprechung der Raumteile untereinander und zum Ganzen. Publikumstribüne, Proszenium und Schauwand stehen nun nicht mehr in ausgewogenem Verhältnis. Daran wird deutlich, daß Palladios

35 *Ottavio Bertotti Scamozzi, Schnitt durch das Teatro Olimpico (Holzschnitt, 1790).*

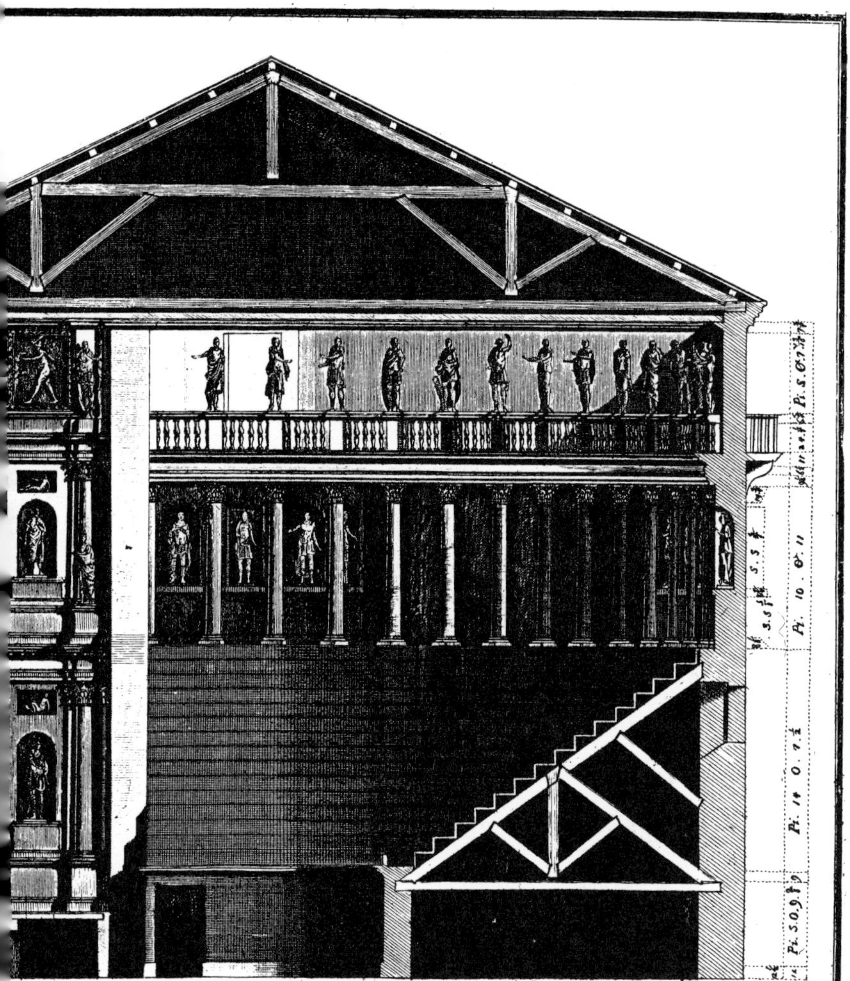

Entwurf, als Ausdruck seines Antikenverständnis, sich verselbständigt hatte. In das von ihm konzipierte Retabel der rekonstruierten Antike wurde von Scamozzi die Konkretisierung des Raums durch die klare Bezeichnung des Ortes eingeschoben.

T.a II

Ato. Mugnon del. e scol

T. 3.

T.a IIII

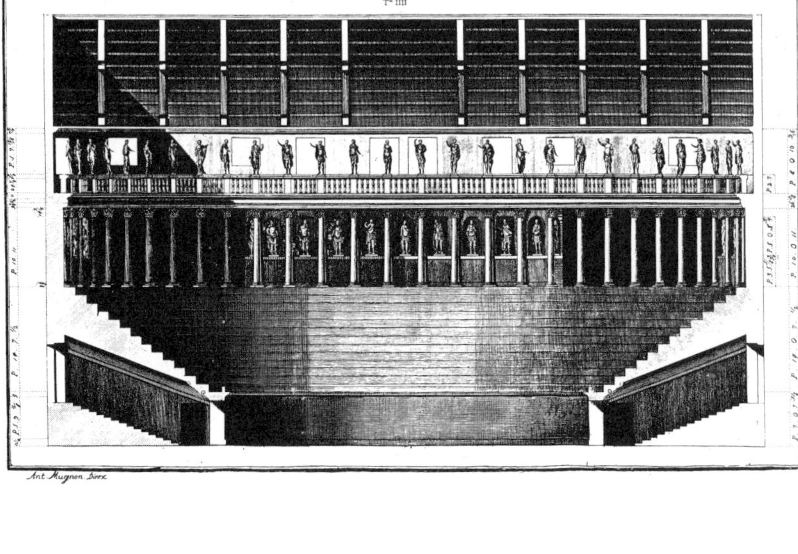

Ant. Mugnon direx

Aber nicht nur ein Ort – Theben – war damit untrennbar mit der Architektur des Teatro Olimpico verbunden worden. In den Nischen der Schauwand – die Triumphbogen und idealer griechischer Platz zugleich ist – fanden nun, statt der von Palladio vorgesehenen allegorischen Figuren die mit Namen versehenen Standbilder der Mitglieder der Olympischen Akademie Aufstellung. Jedes Mitglied war aufgerufen, bei eigener Finanzierung, sein Ebenbild in Stuck anfertigen und an der ihm zugewiesenen Stelle der Schauwand anbringen zu lassen.[30] Darin artikuliert sich der Tugendgedanke der Akademie, der gerade in der Bestellung öffentlicher Baudenkmäler seine ausdrückliche Formulierung fand *(Abb. 38)*.

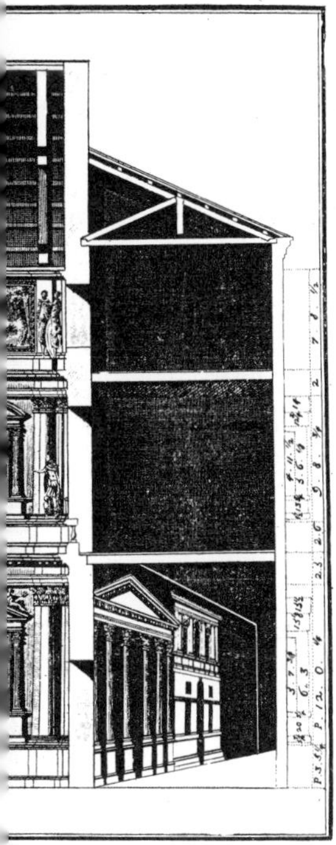

36, 37 Ottavio Bertotti Scamozzi, Schnitte durch Schauwand und Zuschauertribüne.

38 *Statuen der Mitglieder der Olympischen Akademie.*

Über der *Porta Regalis*, dem mittleren Torbogen, und somit an der bedeutsamsten Stelle der gesamten Bühne, ließen die Accademici in römischen Majuskeln folgende Inschrift anbringen:

> VIRTVTI AC GENIO
> OLYMPICOR ACADEMIA THEATRVM HOC
> A FVNDAMENTIS EREXIT
> ANN[O] MDLXXXIIII PALLADIO ARCHIT.
> (Der Tugend und dem Genius
> errichtete die Olympische Akademie
> dieses Theater von Grund auf
> im Jahre 1584 durch den Architekten Palladio)

Über dieser Inschrift, die die Auftraggeber preist und den Namen des Baumeisters nennt, befindet sich das Wappen der Stadt Vicenza, dessen Anbringung die Akademie als Dank für den gewährten Bauplatz beschlossen hatte. Darüber wiederum finden sich Wappen und Motto der Akademie, der römische Wagenzirkus und die Worte HOC OPVS. Flankiert wird das Relief von zwei Posaune spielenden Personifikationen des Ruhms, die signalisieren, daß mit diesem Werk – HOC OPVS – die Akademie ihre edelste Tat ausgeführt und immerwährenden Ruhm errungen habe *(Abb. 39)*.
So sind denn auch Auftraggeberschaft und Bautätigkeit untrennbar verbunden mit den Begriffen der »Magnificentia« – der Herrlichkeit des Fürsten – und der »Liberalitas« – der Hochherzigkeit und Freigebigkeit – und zentraler Bestandteil der humanistischen Fürstenspiegel und des Herrscherlobs.[31] Gerahmt wird das Signet der Akademie von einem Reliefzyklus, der die gesamte Attikazone der Schau-

39 *Signet und Motto der Olympischen Akademie, Wappen der Stadt Vicenza und Bauinschrifttafel über der »Porta Regalis«.*

wand und der Schmalseiten ziert. Es handelt sich dabei um Szenen aus dem Leben des Herkules, des Schutzherrn der Akademie.

Nach links reihen sich die folgenden Szenen aneinander: 1. Herkules' Löwenkampf *(Abb. 40)*, 2. Herkules erschießt Nessus *(Abb. 41)*, 3. Herkules erwürgt Antäus *(Abb. 42)*, 4. Herkules besiegt den dreiköpfigen Riesen Gerion, 5. Herkules ersetzt Atlas beim Halten der Weltkugel und, über dem linken Proszeniumstor, 6. Herkules' Begegnung mit dem erymanthischen Eber. Rechts der Mitte folgen: 1. Herkules' Kampf mit den Kentauren *(Abb. 43)*, 2. Herkules tötet den Räuber Cacus *(Abb. 44)*, 3. Herkules erschlägt den kretischen Stier *(Abb. 45)*, 4. Herkules besiegt den dreiköpfigen Höllenhund Zerberus, 5. Herkules fängt die Hydra von Lerna und, über dem rechten Seitenportal, 6. Herkules vertreibt die Vögel vom Stymphalossee.

Stuckreliefs in der Attikazone der Schauwand:
40 *Herkules' Löwenkampf.*
41 *Herkules erschießt Nessus.*
42 *Herkules erwürgt Antäus.*

Herkules zählt zu den am häufigsten zitierten Heroen der Antike im Zeitalter der Renaissance. Auch in Venedig und im Veneto zählt die Darstellung seiner Taten zu den geläufigen Bild- und Ausstattungsprogrammen, so etwa in den Fresken der »Stanza d'Ercole« der von Palladio entworfenen Villa Emo in Fanzolo.[32]
Daß die Wahl der Akademie auf das Patronat des Herkules fiel, bedarf keiner spezifischen Legitimation. Das Wiederaufleben des Euhemerismus in der Renaissance hatte hierfür die unabdingbare Voraussetzung geschaffen: Mit dem griechischen Philosophen Euhemeros (um 300 v. Chr.) verbindet sich jene Tendenz, die nach rationalisierenden Erklärungen für die Existenz der Gottheiten und Mythen sucht. Das Werk des Euhemeros stellte für den Herrscher eine Art Fürstenspiegel dar, der ihm den Weg zu Nobilitierung und Göttlichkeit wies. Es lieferte darüber hinaus auch die theoretische Begründung des Herrscherkults, denn der Euhemerismus begriff die mythischen Gottheiten nicht mehr als abstrakte, theologische Figuren, sondern vielmehr als reale Individuen, denen durch das Volk Unsterblichkeit zugeschrieben worden war, die aber, nach Euhemeros, Unsterblichkeit und göttliches Wesen allein durch ihr irdisches Tun errungen hatten.[33]
Eine so geartete Interpretation der Mythologie, welche die wirkliche Existenz der antiken Götter voraussetzte, mußte bei den Kirchenvätern auf Widerstand stoßen. Symptomatisch ist dafür die Behandlung des beliebtesten Helden des Altertums, Herkules. Dieser ist allein durch sein irdisches Tun, die Ausführung der ihm auferlegten zwölf Taten, zu den Göttern aufgestiegen. In ihm erblickte so die Kirche eine gefährliche Antinomie zum Bild des Erlösers, des einzig gültigen »exemplum« der Vereinigung

von Gott und dem Menschen.[34] Erst das wiederauflebende Interesse und Studium der antiken Mythologie, als Schlüssel zur Exegese der Alten Welt, bereitete das Feld zu unbefangener Aufnahme antiker Legendenbildung. In diesem Zusammenhang erfuhr auch das von der Patristik, der altchristlichen Literaturgeschichte, verketzerte Bild des Herkules seine Rehabilitation. Namentlich in den frühen Viten-Sammlungen illustrer Gestalten, den Lebensbeschreibungen der »uomini illustri«, spielt der Tugendheld Herkules eine zunehmend bedeutende Rolle.

Hervorgegangen aus der Vereinigung von Zeus und Alkmene, ist Herkules zeit seines Lebens Opfer der rachsüchtigen Hera. Doch versetzen ihn seine übernatürlichen Kräfte immer wieder in die Lage, sich allen Widerwärtigkeiten zum Trotz zu bewähren und unter dem Schutz der Pallas Athene alle ihm auferlegten Prüfungen zu bestehen. Als Hera Herkules mit Wahnsinn schlägt, in dem dieser die mit Megara gezeugten Kinder tötet, tritt die entscheidende Wende in seinem Dasein ein. Zur Sühne der Blutschande muß Herkules zwölf Jahre in den Dienst des Eurystheus treten und zwölf schwere Taten vollbringen. Dieser Katalog der zwölf Taten, der Dodekathlos, ist nicht eindeutig kodifiziert und stetiger Veränderung unterworfen gewesen.[35] In allen Taten aber bewährt sich der antike Heros als Sinnbild menschlicher und endlich göttlicher Tugenden.

Francesco Petrarca entwirft in einer Fragment gebliebenen Schrift das Bild des Herkules als Archetyp all jener, die durch die Größe des eigenen Tuns ewigen Ruhm erlangen werden. Er ist Synonym einer nach Vervollkommnung strebenden Lebensführung und der Werke, die in ihrer Uneigennützigkeit dem Gemeinwohl

43 *Herkules Kampf mit den Kentauren.*
44 *Herkules tötet den Räuber Cacus.*
45 *Herkules erschlägt den kretischen Stier.*

dienen. So empfiehlt sich der Tugendheld Herkules zur Nachahmung, sein Beispiel lehrt den Tod zu besiegen und ruhmreiches Leben nach dem Tode im Himmel zu erlangen; als glorifizierte Seele der Tugend unter all den anderen siegreichen Menschen, die durch die Fama geehrt sind.[36]

Ein ähnliches Konzept wie bei Petrarca findet sich auch in dem einflußreichen, ganz dem Leben und Wirken des mythischen Heros gewidmeten »De Laboribus Herculis« des Coluccio Salutati. Dieser führt den Mythos zu seinen Ursprüngen zurück und stilisiert Herkules zum Monument all jener, die, den Widrigkeiten des Lebens zum Trotz, in ihrem edlen Tun beharrlich und in Geist und Körper mutvoll und untadelig gewesen sind.[37]

Keine andere Gestalt der antiken Mythologie bot eine so treffliche Identifikationsmöglichkeit wie gerade Herkules. Er symbolisierte das in der Form von Ruhm und Glorie erlangte ewige Leben und die geistige Überhöhung des Menschen und taugte so für die Humanisten zum Vorbild ihres ambitionierten Strebens.

Im Olympischen Theater von Vicenza bekrönt der Reliefzyklus mit zwölf Darstellungen aus dem Leben des Herkules ein Raumprogramm, das der Erhebung einer humanistischen Akademie dienen sollte. Die zum Teil Domenico Fontana zugeschriebenen Reliefs[38] *(Abb. 40–45)* entsprechen zwar nicht dem klassischen Dodekathlos, sind aber schon allein in ihrer Zwölfzahl und mit ihrem immer auf den Sieg der Tugend bezogenen Inhalt ganz der tradierten Herkulesikonographie verpflichtet. Durch ihre Einbindung in die Architektur in Form der größtenteils Agostino Rubini zugeschriebenen[39] stuckierten Porträtstatuen betrieben die Olympier ihre Gleichsetzung mit dem »exemplum« Herkules'. Die Bühne des Teatro Olimpico gerät so wirklich zum Olymp, zum Sitz der zu göttlichem, immerwährendem Ruhm emporgestiegenen Vicentiner Humanisten. Die Apotheose dieser Gesellschaft, die, getragen von einer triumphalen, klassischen Architektur, der Unsterblichkeit entgegenzieht, verlangte ganz zwangsläufig nach einer Bühne, die ihre Unveränderbarkeit zum Prinzip machte.

DAS RITUAL DER WEIHE

Gegen Ende des Jahres 1584 waren alle Vorbereitungen für die Einweihung des Theaters getroffen. Die letzten Statuen der Mitglieder der Akademie waren eingestellt, die Inschrift mit dem Bauherrenlob angebracht und die von Vincenzo Scamozzi entworfenen Straßenzüge errichtet worden. Daß die Wahl des Stückes, mit dem Bau und Bühne feierlich eingeweiht werden sollten, gerade auf »Ödipus« fiel, ist bislang ausschließlich mit dem Drang der Auftraggeber nach antiker Entsprechung auch bei der Wahl des Stückes begründet worden. Darüber wird es keinen Zweifel geben, galt der »Ödipus« des Sophokles doch auch Aristoteles in dessen »Poetik« als ruhmreichstes Beispiel antiker Dramenkunst. Es gibt aber darüber hinaus weitere Beweggründe, die die Akademie bei der endgültigen Wahl des Stückes geleitet haben mögen.

Ödipus ist König von Theben, und Theben ist der Geburtsort des Herkules. Damit entsprach das Bühnenbild des »Olimpico« – ein »griechischer Platz« mit den sieben thebanischen Wegen – ganz dem allegorischen Programm der

Schauwand. Keinem anderen Gott haben die Thebaner mit so vielen Opfern und Prozessionen gehuldigt als eben Herkules. Unausgesetzt haben sie um die Schutzherrschaft des Helden über ihr Land gekämpft.[40] Wie Ödipus, so ist auch Amphitryon, der irdische Vater des Herkules, ein thebanischer Heros. Und ein Heros ist endlich auch Kadmos, der legendäre Gründer Kadmeias, des späteren Theben, das nun, in einer symbolischen Neugründung in Form einer spektakulären Architektur, zum Sitz der Vicentiner Olympier wird.

Die Inszenierung des »Ödipus« erlaubte zudem, moralische Appelle, wie sie auch die »Vita« des Herkules bereithielt, programmatisch zu verkünden. Kreon, der König von Theben, gab Herkules Megara, seine Tochter, zur Frau, als dieser die Thebaner von den schweren Tributleistungen an Orchomenos befreit hatte. Auch Ödipus erhält die Hand einer Thebanerin: zum Lohn für die Lösung des Rätsels der Sphinx, und damit für die Befreiung der Stadt von der Pest, erhält er die Hand von Thebens verwitweter Königin und besteigt den Thron.

Die Analogien im Leben beider Helden sind zahlreich. Mit dem Mord an Laios tötet Ödipus eigenes Blut, und auch Herkules macht sich, mit dem im Wahn begangenen Mord an den mit Megara gezeugten Kindern, der Blutschande schuldig. Beide gelangen schließlich durch die Prüfung und Läuterung zu Vergebung und göttlicher Erhöhung. Die Übereinstimmung im Schicksal beider ist, bei aller notwendigen Unterscheidung, verblüffend und wird den in der antiken Mythologie versierten Bestellern des Ausstattungs- und Festprogramms geläufig gewesen sein.

So ist denn nicht nur Herkules in seinem tu-

gendhaften Wirken ein vorbildhaftes »exemplum«. Auch Ödipus ist, in seinen Verstrickungen und in seiner Blindheit, Beispiel irdischen Fehlens und menschlicher Schwäche, doch ihn »enthebt die Gnade der Gottheit dem Lose menschlicher Vergänglichkeit, wenn sie den schwergeprüften Ödipus im Haine der Erinyen ohne Tod dem irdischen Leben entrückt... ihn erhöht die Gottheit zum ewig lebendigen Heros... Wie es einst der Gottheit gefallen hat, den Schuldlosen in Frevel und Leiden zu verstricken, so gefällt es ihr nun, den Leidgeschlagenen, ohne neues Verdienst von seiner Seite, zu übermenschlichem Glücklose zu erhöhen. An ihm geschieht ein göttliches Wunder.«[41]
Mit Ödipus gelang es der Akademie nicht nur, die vielleicht als anmaßend mißzuverstehende Anspielung auf Herkules zu mäßigen und auf ein menschliches Niveau zu reduzieren, sondern darüber hinaus, ihre Bühnenarchitektur zu legitimieren. Denn diese ist nun zum einen der reale Schauplatz der Handlung, zum anderen aber auch die irdische Heimat ihres Patrons, von der sie so feierlich Besitz ergreifen.
Am 3. März 1585 wurde das Teatro Olimpico in Anwesenheit einer ausgesuchten Schar von Edelleuten aus ganz Italien eingeweiht.[42] Begleitet von den Musiken des Andrea Gabrieli und in prachtvollen Kostümen des Giambattista Maganza *(Abb. 46 und 47)* traten nicht nur namhafte Schauspieler, sondern auch Mitglieder der Akademie selbst in einem »rite de passage« auf die Bühne. Umgeben von der triumphalen Architektur, die sie selbst in Auftrag gegeben hatten, und in deren Nischen ihre stuckierten, namentlich gekennzeichneten Ebenbilder standen, erfuhren sie geistige Erhöhung und Heroisierung. Der feierliche Eröffnungsabend belebte ein Programm, das so-

gleich danach zur Apotheose seiner Besteller erstarren sollte. So wie Ödipus allein durch den Mord an Laios in Besitz dessen, was er begehrt, nämlich Iokastes, gelangen kann, so versichern sich auch – der gewagte Schluß drängt sich auf – die Mitglieder der Akademie ihres Besitzes, des Theaters nämlich, als Sinnbild ihrer Tugend und der von ihnen erzielten Vervollkommnung des antiken Gedankens, ebenfalls durch einen »Tötungsakt«. Es ist die Festlegung der Bühne, ihre starre Unveränderbarkeit, die ihr jedes Leben nimmt.

46 *Giambattista Maganza, Kostümentwurf (New York, Privatsammlung).*

47 *Einweihungszeremonie des Teatro Olimpico mit dem »Ödipus« des Sophokles. Fresko im Antiodeo des Teatro Olimpico.*

Die Bühne des Teatro Olimpico ist danach fast drei Jahrhunderte nicht bespielt worden.[43] Ihre Festlegung auf nur einen Ort, Theben, wenngleich in renaissancehafter Verkleidung, und die allenthalben sichtbare Anspielung auf seine Erbauer und den historischen Moment der Weihe, beraubten dieses Theater aller Grundvoraussetzungen einer bespielbaren Bühne, die in der Veränderbarkeit und Wandlungsfähigkeit besteht. Die so »gemordete« Bühne überlebte in Form einer Repräsentationsarchitektur und blieb im Besitz derer, die sie geschaffen hatten. Sie rief keine Zuschauer, sondern Betrachter, die vor ihr in Kontemplation und Bewunderung fielen. Als Wunderwerk wurde sie von den Einwohnern Vicencas verehrt, die dem Fremden von der Herrlichkeit der Stadt kündete *(Abb. 48)*.

Erst dem historisierenden 19. Jahrhundert blieb es überlassen, das Teatro Olimpico seiner eigentlichen Bestimmung zu entziehen und 1847 eine bis heute reichende Festspieltradition zu begründen. Mit dem Einfügen einer monumentalen Kassettendecke über dem Proszenium und dem gemalten Himmel über dem Zuschauerraum *(Abb. 49)*, die das »Velarium«, das besternte »Himmelszelt«, in Form eines eingehängten, Bühne und Zuschauerränge überspannenden Tuchs, verdrängten, tat das beginnende 20. Jahrhundert ein Übriges, die immerwährende »Himmelfahrt« der Olympischen Akademie zu unterbrechen und das

48 *Japanische Gesandte werden im Teatro Olimpico empfangen (1585).*

49 *Kassettendecke über dem Proscenium mit der Darstellung »Herkules am Scheideweg« von Ludovico Pogliaghi (1914).*

Theater seinem vermeintlichen Zweck zuzuführen. Doch entzieht sich die Bühne bis heute den Versuchen, sie in Szene zu setzen. Unausgesetzt manifestiert sich, allen Eingriffen moderner Szenographie zum Trotz, die Entrükkung des Raumes. Gérard Philippe, der 1952 im Olimpico den Don Rodrigo in Corneilles »Le Cid« spielte, faßte diese Erfahrung, unübertroffen knapp, in den Worten zusammen: »Ce théâtre joue par lui-même«. Dieses Theater spielt von allein, es spielt sich selbst.

Anmerkungen

Die Studien zu vorliegender Arbeit wurden durch ein Stipendium des *Centro Internazionale di Studi di Architettura »Andrea Palladio«* in Vicenza unterstützt, dessen Verantwortlichen ich an dieser Stelle verbindlichen Dank ausspreche. Entscheidend gefördert wurden die hier vorgestellten Überlegungen durch die Beiträge und Diskussionen während des IV. Seminario Internazionale di Storia dell'Architettura, Vicenza 1985. Klaus Zehelein schließlich bin ich, nicht nur beim Abfassen dieses Textes, für Anregungen und die Hinführung zum Theater dankbar.

1 Johann Wolfgang Goethe, Italienische Reise (1816), München [10]1981, S. 53.

2 Stefano Mazzoni und Ovidio Guaita, Il Teatro di Sabbioneta, Florenz 1985; Giuliana Ricci, Teatri d'Italia, Mailand 1971, S. 105 ff.

3 Hans Tintelnot, Barocktheater und barocke Kunst – Die Entwicklungsgeschichte der Fest- und Theaterdekorationen in ihrem Verhältnis zur barocken Kunst, Berlin 1939, S. 14; Ludovico Zorzi u. a., Corte Scena Teatro, in: Il Rinascimento nelle Corti Padane, Bari 1977, S. 531 ff.

4 Christoph Luitpold Frommel u. a., Raffaello Architetto, Mailand 1984, S. 226.

5 Fabrizio Cruciani, Gli Allestimenti Scenici di Baldassare Peruzzi; Arnaldo Bruschi, Il Teatro Capitolino del 1513, in: Bollettino del Centro Internazionale di Studi di Architettura, XVI, Vicenza 1974, S. 155–172 u. 189–218.

6 Manfredo Tafuri, Il luogo teatrale dall'Umanesimo a Oggi, in: Teatri e Scenografie, Mailand 1976, S. 28 ff.

7 Licisco Magagnato, The Genesis of the Teatro Olimpico, in: Journal of the Warburg and Courtauld Institutes, vol. XIV, London 1951, S. 209 ff.; Richard Krautheimer, The Tragic and Comic Scene of the Renaissance, in: Gazette des Beaux-Arts, Vol. VI, Série 33, Paris 1948, S. 328–346.

8 Vitruv, Zehn Bücher über Architektur, Übersetzt und mit Anmerkungen versehen von Curt Fensterbusch, Darmstadt 1976, Buch V., Kap. III–IX, S. 212 ff.; Sebastiano Serlio, D'architettura, Venedig 1566.

9 Hans Tintelnot (Anm. 3), S. 18 f.; Erwin Panofsky, Idea – Ein Beitrag zur Begriffsgeschichte der älteren Kunsttheorie, Leipzig u. Berlin 1924. Clemens Krause, La Prospettiva Pittorica – Un Convegno, Bibliotheca Helvetica Romana XXII, Rom 1985; Barbara Louise Saenger Rutledge, The Theatrical Art of the Italian Renaissance: In-

terchangeable Conventions in Painting and Theatre in the Late Fifteenth and Early Sixteenth Centuries, Michigan 1973.

10 Ludovico Zorzi, La Scena all'Italiana, in: La Scena del Principe, Ausstellungs-Katalog, Florenz 1980, S. 336ff.

11 Giuseppe Fiocco, Alvice Cornaro e il Teatro, in: Douglas Fraser u. a., Essays in the History of Architecture, Festschrift für Rudolf Wittkower, London 1967, Bd. 2, S. 34ff.

12 Giuseppe Barbieri, Andrea Palladio e la Cultura Veneta del Rinascimento, Rom 1983; Reinhard Bentmann und Michael Müller, Die Villa als Herrschaftsarchitektur – Versuch einer kunst- und sozialgeschichtlichen Analyse, Frankfurt am Main [2]1971, S. 92f.

13 Heinz Spielmann, Andrea Palladio und die Antike – Untersuchung und Katalog der Zeichnungen aus seinem Nachlaß, Kunstwissenschaftliche Studien Band XXXVII, München 1966.

14 »Schönheit entspringt der schönen Form und der Entsprechung des Ganzen mit den Einzelteilen, wie der Entsprechung der Teile untereinander und dieser wiederum zum Ganzen, so daß das Gebäude wie ein einheitlicher und vollkommener Körper erscheint. Entspricht doch ein Teil dem anderen, und sind doch alle Teile unabdingbar notwendig, um das zu erreichen, was man gewollt hat.« Andrea Palladio, Die Vier Bücher zur Architektur, aus dem Italienischen übertragen und herausgegeben von Andreas Beyer und Ulrich Schütte, München/Zürich 1983, Buch 1, Kap. 1, S. 20.

15 Daniele Barbaro, I dieci libri dell'Achitettura di Vitruvio, tradotti e commentati, Vinegia 1556.

16 Vitruv (Anm. 8), S. 212ff.

17 Andrea Palladio (Anm. 14), S. 248ff.

18 Zitiert nach: Loredana Olivato und Lionello Puppi, Andrea Palladio Accademico Olimpico, in: Andrea Palladio – Il Testo, L'Immagine, La Città, Ausstellungs-Katalog Vicenza 1980, S. 166.

19 Aus den Gründungsstatuten der Olympischen Akademie, zitiert nach Lionello Puppi, Il Teatro Olimpico, Vicenza 1963, S. 29f.

20 Zu den Beziehungen zwischen Olympischer Akademie und Venedig siehe: Loredana Olivato und Lionello Puppi (Anm. 18), S. 178f.

21 Zu *Odeo* und *Antiodeo*, wie zu Scamozzis Eingriffen in die Pläne Palladios siehe: Franco Barbieri, Vincenzo Scamozzi, Vicenza 1952.

22 Zitiert nach Lionello Puppi (Anm. 19), S. 41f. Siehe

dazu auch Giangiorgio Zorzi, Le Ville e i Teatri di Andrea Palladio, Vicenza 1969, S. 277ff.

23 Die Transkription des betreffenden Dokuments findet sich bei Giangiorgio Zorzi (Anm. 22), S. 309.

24 Howard Burns u. a., Andrea Palladio – The portico and the farmyard, Ausstellungs-Katalog London 1975, S. 46.

25 Lionello Puppi, La morte e i funerali di Andrea Palladio, in: Palladio e Venezia, Florenz 1983, S. 155–172.

26 Dazu: Loredana Olivato und Lionello Puppi (Anm. 18), S. 179.

27 Die von Arnaldo Bruschi und R. Sinisgalli vorgenommenen Messungen der Zeichnungen Scamozzis für die Bühnenhintergründe, deren Veröffentlichung in den Akten des IV. Seminario Internazionale di Storia dell'Architettura des Centro Internazionale di Storia di Architettura in Vicenza vorgesehen ist, belegen, daß sich der ideale Betrachterstandpunkt dieses Theaters exakt zehn Meter von der Schauwand entfernt, drei Meter über dem Orchester befindet, an einer Stelle also, die von keinem der Zuschauer eingenommen werden kann.

28 Giangiorgio Zorzi (Anm. 22), S. 321.

29 Giangiorgio Zorzi (Anm. 22), S. 297.

30 Giangiorgio Zorzi (Anm. 22), S. 313.

31 Jacob Burckhardt, Die Baukunst der Renaissance in Italien, in: Gesammelte Werke, Darmstadt 1955, Bd. 2, S. 5ff. und Martin Warnke, Hofkünstler – Zur Vorgeschichte des modernen Künstlers, Köln 1985, S. 232.

32 Giampaolo Bordignon Favero, La Villa Emo di Fanzolo, Corpus Palladianum, Vol. V, Vicenza 1970, S. 42f.

33 Jean Seznec, The Survival of the Pagan Gods – The Mythological Tradition and its Place in Renaissance Humanism and Art, New York, 1953, S. 12ff. und 20ff.; Dieter Blume und Horst Bredekamp, Mythos und Widerspruch, in: Natur und Antike in der Renaissance, Ausstellungs-Katalog Frankfurt am Main 1985, S. 130–139.

34 Jean Seznec (Anm. 33), S. 13f.

35 Franco Gaeta, L'Avventura di Ercole, in: Rinascimento, 1954, Vol. V., S. 227–260; Wolfger Bulst, Der ›Italienische Saal‹ der Landshuter Stadtresidenz und sein Darstellungsprogramm, in: Münchner Jahrbuch der Bildenden Kunst, Dritte Folge, Bd. XXVI, München 1975, S. 123–176.

36 Francesco Petrarca, De viris illustribus, herausgegeben von Guido Martellotti, Vol. I, Florenz 1964, siehe auch Stefano Mazzoni (Anm. 2), S. 65ff.

37 Coluccii Salutati, De laboribus Herculis, herausgegeben von B. L. Ullmann, Zürich 1951.

38 Giangiorgio Zorzi, Tre scultori lombardi e le loro opere nel Teatro Olimpico di Vicenza, in: Arte Lombarda. Vol. V, Nr. 2, 1960, S. 231–242.

39 Giangiorgio Zorzi, Le Statue di Agostino Rubini nel Teatro Olimpico di Vicenza, in: Arte Veneta, Vol. 16, 1962, S. 111–120.

40 W. H. Roscher, Ausführliches Lexikon der griechischen und römischen Mythologie, Leipzig 1897–1902, Neudruck Hildesheim/New York 1978, zu »Herkules« Bd. I,2, S. 2135ff. und S. 2254ff.; zu »Ödipus«: Bd. III,1, S. 700ff.

Zu »Ödipus« siehe: Francis Fergusson, Oedipus Rex – The Tragic Rhythm of Action, in: The Idea of a Theater, Princeton 1949, S. 13–41; Ders., Oedipus According to Freud, Sophocles and Cocteau, in: Literary Landmarks, New Brunswick 1975, S. 101–113.

41 Sophokles, zitiert nach Roscher (Anm. 40), Bd. III,1, S. 735f.

42 Die ausführlichen Beschreibungen der Eröffnungszeremonie durch Filippo Pigafetta und Giacomo Dolfin finden sich, wie auch alle weiteren Quellen, die Aufführung und Einweihung betreffen, in einem Konvolut der Biblioteca Ambrosiana, Mailand, ms R 123 sup., ff. 282–328. Sie sind vollständig transkribiert, in: Alberto Gallo, La Prima Rappresentazione al Teatro Olimpico, Mailand 1973. Siehe auch: Leo Schrade, La Représentation d'Edipo Tiranno au Teatro Olimpico, Paris 1961.

43 Siehe dazu: Gino Nogara, Cronache degli Spettacoli nel Teatro Olimpico di Vicenza dal 1585 al 1970, Vicenza 1972.

Bibliographie

Die umfängliche Literatur zu Palladios Werk ist in einer Gesamtbibliographie aufgelistet, die von Deborah Howard im Journal of the Society of Architectural Historians, Bd. XXXIX, Okt. 1980 zusammengestellt wurde. Palladios richtungsweisendes Traktat zur Baukunst ist in deutscher Übersetzung erschienen: Andrea Palladio, Die Vier Bücher zur Architektur, hrsg/. von Andreas Beyer und Ulrich Schütte, München/Zürich 1983. Sein Gesamtwerk ist analysiert in den Monographien von James S. Ackerman, Palladio, Stuttgart 1980 und Lionello Puppi, Andrea Palladio – Das Gesamtwerk, Stuttgart 1977 (2 Bde.).
Palladios Verhältnis zur Antike ist erörtert bei Heinz Spielmann, Andrea Palladio und die Antike, München 1966. Nach wie vor unersetzlich ist das Standardwerk zur Bühnen- und Theaterbaukunst von Hans Tintelnot, Barocktheater und barocke Kunst, Die Entwicklungsgeschichte der Fest- und Theaterdekorationen in ihrem Verhältnis zur barocken Kunst, Berlin 1939. Zur norditalienischen Theatertradition sieht auch Frances A. Yates, The Art of Memory, London/Henley[2] 1972.
Zur italienischen Bühnenarchitektur und -tradition siehe Lodovico Zorzi, Il Teatro e la Città – Saggi sulla Scena Italiana, Turin 1977; Maristella de Panizza Lorch (Hrsg.), Il Teatro Italiano del Rinascimento, Mailand 1980 und Franco Ruffini, Teatri prima del Teatro – Visioni dell'edificio e della scena tra Umanesimo e Rinascimento, Rom 1983.
Andrea Palladios Theaterarchitekturen im besonderen und im Zusammenhang mit der spezifischen Baugattung im allgemeinen sind gewidmet: L'Architettura Teatrale dall' Epoca Greca al Palladio, in: Bollettino del Centro Internazionale di Studi di Architettura, Vicenza, Vol. XVI, 1974 und L'Architettura Teatrale dal Palladio ad Oggi, in: Bollettino del Centro Internazionale di Architettura, Vicenza, Vol. XVII, 1975.
Sämtliche Abschriften der verfügbaren Quellen, die den Eröffnungsabend betreffen, befinden sich in: Alberto Gallo, La Prima Rappresentazione al Teatro Olimpico, Archivio del Teatro Italiano Nr. 6, Mailand 1973. Die Übersetzung des »Ödipus« von Orsato Giustiniani und die Chormusiken des Andrea Gabrieli publizierte, neben anderen unentbehrlichen Quellen, Leo Schrade, La Représentation d'Edipo Tiranno Au Teatro Olimpico, Paris 1961.

Glossar

Cavea
runder oder halbrund angelegter Teil des römischen Theaters oder Amphitheaters, der die Plätze der Zuschauer enthielt und aus terrassenförmig ansteigenden Sitzreihen bestand.

Hospitalia
Seitentore des Triumphbogens oder der Schauwand eines Theaters.

Odeum
ein dem musischen Wettstreit gewidmeter Ort.

Orchestra
Halbrund vor der Spielfläche, unterhalb der Zuschauertribüne.

Porta Regalis
das für den König (den Triumphator) bestimmte mittlere Tor.

Proscenium
Spielfläche vor der Schauwand des Theaters.

Scenae frons
die Bühne nach hinten abschließende (Schau-)Wand.

Zur Biographie Palladios

1508 Am 8. November wird Andrea di Pietro Palladio in Padua geboren. Sein Vater Pietro della Gondola war Müller.

1521 Beginn der Lehre bei Bartolomeo Cavazza in Sossano.

1524 Aufnahme in die Zunft der Maurer und Steinmetze als Lehrling von Girolamo Pittoni und Giovanni di Giacomo da Porlezza in Pedemuro.

1538 Bekanntschaft mit dem Humanisten und Poeten Giangiorgio Trissino, der ihn mit dem Humanismus und der römischen Literatur vertraut macht.

1538–40 Bekanntschaft mit dem Humanisten Alvise Cornaro.

1540 26. August. Qualifikation als Architekt. Erster Auftrag.

1541 Erste Romreise mit Trissino.

1542 Im Auftrag des Vicentiner Stadtrats in Mantua bei Giulio Romano.

1545 Zweite Romreise.

1546 Dritte Romreise. Im Mai mit Bauaufnahmen in Tivoli und Palestrina beschäftigt.

1548 Venedigaufenthalt und Bekanntschaft mit Tizian.

1549/50 Vierte Romreise.

1550 Reise nach Brescia.

1551 Reise nach Trient und Innsbruck.

1554 Bewirbt sich vergebens um das Amt des »Proto dell'Ufficio del Sal« in Venedig.

1554 Fünfte und letzte Romreise, diesmal zusammen mit Daniele Barbaro, dem Übersetzer des Vitruv.

1555 Reise nach Venedig.

1556 Reise nach Udine, wo er den »Arco Bollani« und den Palazzo Antonini erbaut.

1556 1. März. Er tritt als Mitbegründer der Accademia Olimpico in Vicenza auf, für die er später das Teatro Olimpico entwirft.

1556 Reise zusammen mit seinem Sohn Orazio nach Piemont, eventuell auch nach Frankreich (Nîmes).

1556 Er begegnet während eines gemeinsamen Aufenthaltes in Venedig Giorgio Vasari.

1570 Erstdruck seiner »I Quattro Libri dell' Architettura«.

1570 Nach dem Tode von Jacopo Sansovino wird er »Pubblico Consultente Architettonico della Repubblica Veneta«.

1580 Am 19. August stirbt Palladio in Vicenza (?) und wird in Santa Corona begraben.

Abbildungsnachweis

Centro Internazionale di Studi di Architettura »Andrea Palladio«, Vicenza Frontispiz, Falttafel, 32, 35–37
Ente Provinciale Per Il Turismo, Vicenza Umschlag, 3
Deutsches Theatermuseum, München 4
Guiseppe Fiocco »Paolo Veronese«,
© Casa Editrice D'Arte »Valori Plastici«, Rom 10
Bibliotheca Hertziana, Rom 11, 12, 16, 29, 33, 34
Archivi Alinari S.P.A., Firenze 28
Privatsammlung, New York 46
Alle anderen Abbildungen stammen aus dem Archiv des Autors.